# CHINESE PICTURE DICTIONARY COLORING BOOK

## Over 1500 Chinese Words and Phrases for Creative & Visual Learners of All Ages

**Color and Learn**

Lingo Mastery

ISBN-13: 978-1-951949-63-1

# Free Book Reveals The 6 Step Blueprint That Took Students **From Language Learners To Fluent In 3 Months**

- **6 Unbelievable Hacks** that will accelerate your learning curve

- **Mind Training:** why memorizing vocabulary is easy

- **One Hack To Rule Them All:** This <u>secret nugget</u> will blow you away...

Head over to **<u>LingoMastery.com/hacks</u>** and claim your free book now!

# CONTENTS

# INTRODUCTION

This **Chinese Picture Dictionary Coloring Book** is a fun vocabulary building tool with illustrations that you can color while studying. It covers an immense range of topics that will help you learn everything related to the Chinese language in daily subjects, from members of the family and animals to parts of the body and describing jobs.

The introduction at the beginning of the book serves as a guide to help you get started in Chinese language learning. It covers information about the basic pronunciation, types of Chinese Characters, the writing of Chinese characters and grammar with regards to standard sentence structure and verb aspects. Good luck – and **most importantly, enjoy yourself!**

# BASICS OF THE CHINESE LANGUAGE

### I.  Names of the language

The Chinese language is called Hanyu or Zhongwen, although sometimes it is also called Zhongguohuawen or Huayu. Like all other languages, there are many dialects within the Chinese language family. The official spoken language is called Putonghua (common speech), which is what Westerners know as Mandarin. It is a spoken language primarily based on the Beijing and northern phonetic system.

### II.  Sound

### a.  A tonal language

Mandarin is a tonal language with four tones; they are: 1st tone, 2nd tone, 3rd tone, 4th tone. They are also respectively called as the high-level tone, high rising tone, low falling rising tone and falling tone.

The tonal marks are illustrated as below:

They are written respectively as below:

In a syllable they can be found on top of the vowels. If there are two vowels in the pronunciation, the order of the vowels (a, o, e, i, u, ü) should be acknowledged. For instance, if both a and u are in the pronunciation, the tone will land on top of a rather than u as a is before u in the order of the vowels.

There is also a natural tone, which does not bear any tonal mark.

### b. Hanyu Pinyin

Hanyu pinyin is a romanized alphabetical system used to indicate the pronunciation of Chinese characters. It was first developed in 1958. The pronunciation of a character is usually represented by a syllable. Most of the syllables are made of an initial, a final and a tone, though some may not have initials. There are 21 initials and 36 finals in Hanyu Pinyin.

### c. Initials

All initials in Chinese are consonants.

**b, p, m, f, d, t, n, l, g, k, h, j, q, x, z, c, s, zh, ch, sh, r**

**b, p, m, f, d, t, n, l, h,** and **s** are pronounced very similarly in Chinese as in English. **b, d,** and **g** are unaspirated, while **p, t,** and **k** are aspirated.

**j** is pronounced like jee/jea as in jeep and jean in English.
**q** is pronounced like chee as in cheese and cheek in English.
**x** is pronounced like shee as sheep and sheet in English.
**z** is pronounced like ds as beds and beads in English.
**c** is pronounced like ts as cheats and meets in English.
**zh** is pronounced like dr similarly to in drive or dream in English.
**ch** is pronounced like ch as church and match in English.
**sh** is pronounced like sh as wish and dish in English.
**r** is pronounced like r in English, but with the tip of the tongue curled up slightly more.

### d. Finals

All finals in Chinese are vowels except the ones ending with n and ng.

- Single Finals: **a, o, e, i, u, ü**

    **a** is pronounced as in are in English.
    **o** is pronounced as in or in English.
    **e** is pronounced as er in British English.
    **i** is pronounced as the letter e in English.
    **u** is pronounced as in fool in English.
    **ü** is pronounced as tu in French.

- Compound Finals: simply a sound created from two or more other sounds.

| | a | o | e | ai | ei | ao | ou |
|---|---|---|---|---|---|---|---|
| i | ia | | ie | | | iao | iou(iu) |
| u | ua | uo | | uai | uei(ui) | | |
| ü | | | üe | | | | |

| | an | en | ang | eng | ong | er |
|---|---|---|---|---|---|---|
| i | ian | in | iang | ing | iong | |
| u | uan | uen(un) | uang | ueng | | |
| ü | üan | ün | | | | |

### III. Writing – Characters

Chinese characters are what really make Chinese language unique and fascinating. Firstly emerging in the late 2nd BC, Chinese language and characters are the longest continued used writing system in the world. Without a doubt, Chinese language is gaining more and more popularity over the last few decades. There are more and more students and professionals being drawn to Chinese language learning for academic and business reasons.

#### a. Types of characters

##### i. Pictographic characters

These characters are pure inspiration from the natural surroundings. Take a guess at the characters below!

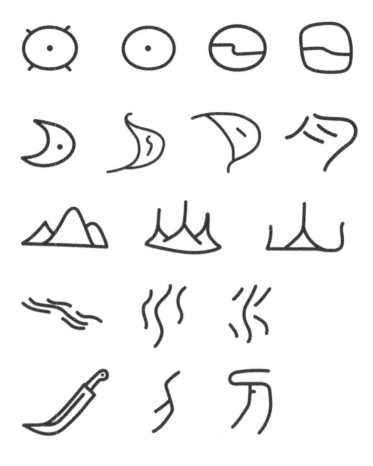

Clearly the first one is Sun, and then followed by Moon, mountain, water, and knife. Did you get them right?

**Indicative characters**

This group of characters are direct iconic illustrations for the meanings they would like to express.

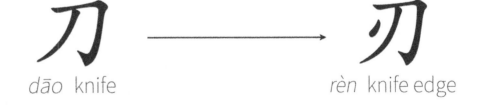

*dāo* knife        *rèn* knife edge

The character on the left-hand side means knife in Chinese, which is the last pictograph character illustrated in the last category. By adding an indicative dot near the edge of the knife, this new character on the right-hand side means knife edge. Clever, isn't it?

### iii. Ideative characters

Like its name suggests, this group of characters are usually made up of two or more independent characters and its meanings are derived from its constituent characters.

| Character 1 | Character 2 | Character 1+2 |
|---|---|---|
| 人 *rén* people | 人 *rén* people | 从 *cóng* follow |
| 人 *rén* people | 从 *cóng* follow | 众 *zhòng* masses |
| 小 xiǎo small | 土 tǔ soil | 尘 chén dust |
| 手 shǒu hand | 目 mù eye | 看 kàn look |

### iv. Semantic-Phonetic compound characters

This group of characters make up at least half of the frequently used Chinese characters. These characters usually consist of a semantic radical, which could be a pictograph, and a phonetic element.

| Semantic radical | Phonetic component | Semantic-phonetic compound | Meaning | Pinyin |
|---|---|---|---|---|
| 女 | 马 | 妈 | mum | mā |

In the above example, 女 is the semantic radical, which means female. 马 is the phonetic component, from which the character 妈 derives its sound.

## b. Stroke and Stroke order

### i.  Stroke

You probably have noticed that Chinese characters are made of straight lines, curved lines, boxes and so on. These are called strokes. There are 8 basic strokes and 16 derivative strokes. In the table below, we will introduce the 8 basic strokes.

| Stroke | Name | Writing direction |
|---|---|---|
| ` | Dot 点/ Diǎn | From top to bottom right or left |
| 一 | Horizontal stroke 横/ Héng | From left to right, the right end can be slightly up |
| 丨 | Vertical stroke 竖/ Shù | From top to bottom, normally straight |
| ⌐ | Bending stroke 折/ Zhé | From left to right horizontally and then vertically down, the ending of the vertical down can be slightly tilting towards the left side |
| ✓ | Upward stroke 提/ Tí | Diagonal stroke from lower left to upper right |
| 亅 | Hook stroke 勾/ Gōu | Vertical stroke first and then a tiny rising tip at the end |
| 丿 | Downward-left stroke 撇/ Piě | Diagonal stroke from upper right to lower left |
| ＼ | Downward-right stroke 捺/ Nà | Diagonal stroke from upper left to lower right |

The Chinese character eternal 永 includes most of these strokes. Can you identify those strokes yourself?

7

### ii.    Stroke order

By looking at 永，you might ponder: how should I write this character? Where should I start first? Are there any rules in terms of writing this character?

There are, indeed! There is an order to follow when writing Chinese characters and they are listed below:

- From top to bottom
- From left to right
- Horizontal stroke precedes vertical stroke
- Middle stroke precedes strokes on left and right sides
- Left-falling stroke precedes right-falling stroke
- Enclosing strokes first, then followed by the enclosed strokes, finally the sealing strokes.

Following the rules, step by step you can write beautiful Chinese characters. At first you might feel it's a big effort, it will become second nature to you after a while.

## Grammar – Sentence Order and Verb Aspects

### I.    Glossary

**Verb**:  A doing word. It describes an <u>action.</u>

**Tense**:  It tells you <u>when</u> an action happens/happened/will happen, etc…

**Aspect**:  It looks at the stage of an action, whether it is in progression, continuation or completion etc.

**Subject**:  It refers to <u>who</u> is doing the action. There will be a different ending for each person.

**Predicate**:  is the part of the sentence that <u>contains the verb.</u>

**Adverb**:  is a word or set of words that <u>describes verbs, adjectives, or other adverbs</u>. It answers how, when, where, why, how often or how much.

**Adjective**:  is a word or set of words <u>that describes a noun or pronoun.</u>

**Verb conjugation**:  change takes place in a verb to express tense, mood, person and so on.

## II.    Sentence Order

There are two basic sentence orders in Chinese.

The first one can be listed as: **subject + verb + object**

我喜欢吃中国饭。
Wǒ xǐhuān chī Zhōngguó fàn.
I like to eat Chinese food.

When time words and location words are needed in the sentence, they normally go between subject and verb, with time words preceding location words. The structure can be illustrated as below:
**subject + time words + location words + verb + object**

汤姆天天在家工作。
Tāngmǔ tiāntiān zàijiā gōngzuò.
Tom works from home every day.

The relative fixed positions of time words and location words can be a bit challenging for new learners. Verbs tend to be the focus in English, whereas Chinese language places emphasis on time and location for which verb action takes places. This difference is reflected in the word order within a sentence.

The second sentence order can be described as below:

**subject + adv + adj**

今天天气很好。
Jīntiān tiānqì hěn hǎo.
The weather today is good.

In Chinese, adjectives can act as predicate as illustrated in the above example. This is another difference new learners find challenging when they first come to learn Chinese.


## III.    Verb Aspects

What is verb aspect, you might ask? Most probably you have heard verb tense and verb conjugation. Let's start off with verb tense and conjugation and then we will introduce the concept of verb aspect.

In English, tense tells us whether an action happens on a regular basis, just happened, or will happen in the future.

- I am going to the cinema with my friend tomorrow.
- I went to the cinema with my friend yesterday.
- I often go to the cinema with my friend.

Clearly the action of the first sentence: **going to the cinema** will happen tomorrow, but why do we know that? There are two clues here. One is that the structure **be + going to** was employed in the sentence to indicate the action will happen in the future. The time word **tomorrow**, of course, also indicates that.

The action happened yesterday in the second sentence. The infinitive form of the verb in the three sentences above is to go. In the second sentence, the verb go changed to its past form: **went**. This is an example of **verb conjugation**. When the past form **went** shows up in a sentence, people instinctively know that the action took place in the past without looking for any other clarifiers, like time words.

In the third sentence, we know that the action of **go to the cinema** happens on a regular basis. Again, what is the clue for that? It's the word **often** has given it away.

The good news has come; there are no verb conjugations in Chinese! Then you might ask: how does the speaker indicate whether an action has already taken place, or will happen or even is happening right now? The answer to that is that speakers use explicit time words, sentence patterns, markers, and of course, the context to help the listener figure this out.

There are 12 verb tenses in English and 5 verb aspects in Chinese. Aspect looks into how an action relates to time, not where it is fixed in time. The aspects are **Progressive aspect of an action**, **Continuous aspect of an action**, **Perfect aspect of an action**, **The changing aspect of an action** and **Actions of past experience** in Chinese language.

You might then ask: what's the difference between tense and aspect? It's a good, logical question.

Most modern Western languages, for example, English and Spanish, have verb conjugations. The purpose of verb conjugations is to match the subject with the appropriate verb based on the time. The proper linguistic terminology for this is called **tense**. While grammarians will argue amongst themselves how many tenses there are, most speakers probably accept there are three: past, present, and future. A range of structures, composed of verbs, and time words are put together by speakers to construct sentences that indicate both the tense (when an action happened) and the aspect (continuous, completed, at a fixed time or unspecific time etc.). From a linguistic perspective, the 12 are derived from combining tense and aspect. We are only briefly touching the concepts of tense and aspect here in order to highlight the concept of aspect in Chinese language.

The grammatical intricacies of tense are not the focus of this lesson, but students, especially speakers of European languages, should be aware that the Chinese language focuses on aspect throughout to explain when and for how long, and in what way an action is performed in relation to a timeline. This is a way of expressing actions that is completely different from that to which they might be accustomed.

In the next section, we will illustrate each aspect in more details.

## 1.  Perfect aspect of an action

In Chinese grammar, the perfect aspect of an action refers to the completion of an action. 了 is employed to do this job. The structure is straightforward: Verb + 了. The object of the verb needs to be put after 了.

了 is called 'aspectual particle 了' from a grammatical point of view. In some books it is simply called verb 了.

了 can be used in all three time periods, present, past and future, to express the completion of an action.

我们刚下了课。
Wǒmen gāng xiàle kè.
We just finished the class.

我昨天去了超市。
Wǒ zuótiān qùle chāoshì.
I went to the supermarket yesterday.

明天早上吃了早饭，我就去上班。
Míngtiān zǎoshang chīle zǎofàn, wǒ jiù qù shàngbān.
After eating breakfast tomorrow morning, I am going to work.

If an action didn't take place or get realized, 没 or 没有 is used in the sentence to express this. 了 can't be included in the sentence as the action didn't get realized.

## 2.  Progressive aspect of an action

In Chinese, 正在……呢 structure is employed to express the idea of an action in progress. There are five forms of this structure as below:

Subject + 正在 + verb + object + 呢

Subject + 在 + verb + object + 呢

Subject + verb + object + 呢

Subject + 正在 + verb + object

Subject + 在 + object

When the structure is used, the action could be in progress in the present, the past or the future. It can be figured out from either the time words in the sentence or the context.

我们昨天下午三点在上数学课呢。
Wǒmen zuótiān xiàwǔ sān diǎn zài shàng shùxué kè ne.
We were having math class at three o'clock yesterday afternoon.

明天你来我家的时候，我也许会在看电视。
Míngtiān nǐ lái wǒjiā de shíhòu, wǒ yěxǔ huì zài kàn diànshì.
When you come to my house tomorrow, I may be watching TV.

没 + (在) + verb or 没有 can be used to express the negative form the progressive aspect of an action.

我没在睡觉，我在看电视呢。
Wǒ méi zài shuìjiào, wǒ zài kàn diànshì ne.
I'm not sleeping, I'm watching TV.

## 3. Continuous aspect of an action

着 is employed after the verb to indicate the continuation of either an action or of a state as the result of an action.

门开着，窗户也开着。
Mén kāizhe, chuānghù yě kāizhe.
The door is open, so is the window.

The action of open the door and the window have been completed, but the state of open continues.

妈妈不停地说着什么。
Māma bù tíng de shuōzhe shénme.
Mum kept talking.

着 indicates the continuation of 说。

The continuation and the progression of an action may take place simultaneously.

我们正聊着天呢。
Wǒmen zhèng liáozhe tiān ne.
We are chatting.

However, when 着 indicates the continuation of the result of an action, 着 cannot be used together with the progressive aspect of an action, ie: 正在 or 在。

The continuous aspect of an action is very often used before other verbs to express the idea of two actions taking place simultaneously and the first action is the manner of the second action.

她躺着看书。
Tā tǎngzhe kànshū.
She read a book while lying down.

The negative form of the structure is made by using 没 + verb + 着。 着 can't be omitted as the meaning of the negative sentence will be different.

家里的窗户没开着。
家里的窗户没开。X

## 4. The changing aspect of an action

The structure of 要……了 is used to express an action is going to take place relatively soon. The full structure is as below:

Subject + 要 (or 将要) + verb + object + modal particle 了

将要 is generally used in written Chinese.

Adverbs like 就 and 快 are often used to indicate that an action is going to happen very soon.

电影就要开始了！
Diànyǐng jiù yào kāishǐle!
The film is about to start!

天快要黑了！
Tiān kuàiyào hēile!
It's getting dark!

The structure can not only be used to indicate that an action is going to take place in the future, but also it can be used to indicate that an action was going to take place in the past.

昨天我们就要出门了, 电话响了！
Zuótiān wǒmen jiù yào chūménle, diànhuà xiǎngle!
We were about to go out yesterday and the phone rang!

Generally, the negative form of the structure is not used to indicate that an action is not going to happen soon, instead the structure 还没(有)......(呢)? is employed to express the negative.

天还没黑呢!
Tiān hái méi hēi ne!
It's not dark yet!


## 5. Actions as past experience

In Chinese, 过 is used to express a certain experience in the past. 过 is placed after verb. The English translation of 过 is have been, the present perfect tense. The action took place at some unspecified or unknown time in the past.

The basic structure is as below:

Subject + Predicate (verb) + 过 + object

曾经 is often used with 过 in the sentence.

你曾经去过中国吗?
Nǐ céngjīng qùguò Zhōngguó ma?
Have you ever been to China?

In the negative form, 没 or 没有, verb and 过 are all needed to construct the sentence.

我没有去过中国。
Wǒ méiyǒu qùguò Zhōngguó.
I have not been to China.


We have now come to the end of the five verb aspects. The concept of verb aspect in the Chinese language can be an overwhelming topic if this is the first time you come across it.

At Lingo Mastery, there are many more resources on this topic, and we suggest you check them out to further familiarize yourself to use them correctly. Once again, we wish you good luck and enjoy the journey!

## 情感 (EMOTIONS)

1) 高兴 (happy)
   gāoxìng

2) 伤心 (sad)
   shāngxīn

3) 兴奋 (excited)
   xīngfèn

4) 生气 (angry)
   shēngqì

5) 惊讶 (surprised)
   jīngyà

6) 担心 (concerned)
   dānxīn

7) 害怕 (scared)
   hàipà

8) 好奇 (curious)
   hàoqí

9) 逗乐 (amused)
   dòulè

10) 困惑 (confused)
    kùnhuò

11) 有病 (sick)
    yǒu bìng

12) 淘气 (naughty)
    táoqì

13) 严肃 (serious)
    yánsù

14) 专心 (focused)
    zhuānxīn

15) 无聊 (bored)
    wúliáo

16) 应接不暇 (overwhelmed)
    yìngjiēbùxiá

17) 恋爱 (in love)
    liàn'ài

18) 惭愧 (ashamed)
    cánkuì

19) 焦虑 (anxious)
    jiāolǜ

20) 厌恶 (disgusted)
    yànwù

21) 冒犯 (offended)
    màofàn

22) 酸痛 (sore)
    suāntòng

明明是个淘气的小男孩。
Míng Míng shì gè táoqì de xiǎo nánhái.
Ming Ming is a naughty little boy.

我很厌恶那些只说不做的人。
Wǒ hěn yànwù nàxiē zhǐ shuō bú zuò de rén.
I am disgusted by the people who only talk, but don't act.

# 家庭 (THE FAMILY)

1) 祖父母/外祖父母 (grandparents)
   zǔfùmǔ/wài zǔfùmǔ

2) 祖母/奶奶/姥姥/外婆 (grandmother)
   zǔmǔ/nǎinai/lǎolao/wàipó

3) 祖父/爷爷/姥爷/外公 (grandfather)
   zǔfù/yéyé/lǎoyé/wàigōng

4) 伯伯/叔叔/舅舅 (uncle)
   bóbo/shūshu/jiùjiu

5) 妈妈 (mother)
   māma

6) 爸爸 (father)
   bàba

7) 姑妈/姨妈/舅妈 (aunt)
   gūmā/yímā/jiùmā

8) 堂哥/堂弟/表哥/表弟 (cousin)
   tánggē/tángdì/biǎogē/biǎodì

9) 哥哥/弟弟 (brother)
   gēge/dìdi

10) 我 (me)
    wǒ

11) 丈夫/妻子 (husband/wife)
    zhàngfū/qīzi

12) 姐姐/妹妹 (sister)
    jiějie/mèimei

13) 堂姐/堂妹/表姐/表妹 (cousin, f.)
    tángjiě/tángmèi/biǎojiě/biǎomèi

14) 侄子/外甥 (nephew)
    zhízi/wàisheng

15) 儿子 (son)
    érzi

16) 女儿 (daughter)
    nǚ'ér

王明有一个儿子和一个女儿。
Wáng míng yǒu yī gè érzi hé yī gè nǚ'ér.
Wang Ming has a son and a daughter.

17) 侄女/外甥女 (niece)

   zhínǚ/wàishengnǚ

18) 孙子/外孙 (grandson)
    sūnzi/wàisūn

19) 孙女/外孙女 (granddaughter)
    sūnnǚ/wàisūnnǚ

20) 从兄弟 (second cousin)
    cóng xiōngdì

- 亲家 (In-laws)
  - 亲戚 (Relatives)
    qìngjiā
    - qīnqi

21) 公公/岳父 (father-in-law)
    gōnggong/yuèfù

22) 婆婆/岳母 (mother-in-law)
    pópo/yuèmǔ

23) 姐夫/妹夫/舅子/叔伯/连襟 (brother-in-law)
    jiěfū/mèifū/jiùzi/shūbai/liánjīn

24) 嫂子/弟媳/妯娌 (sister-in-law)
    sǎozi/dì xí/zhóu li

25) 儿媳 (daughter-in-law)
    érxí

26) 女婿 (son-in-law)
    nǚxù

27) 姑夫/姨夫 (uncle-in-law)
    gūfū/yífū

28) 伯母/婶婶 (aunt-in-law)
    bómǔ/shěnshen

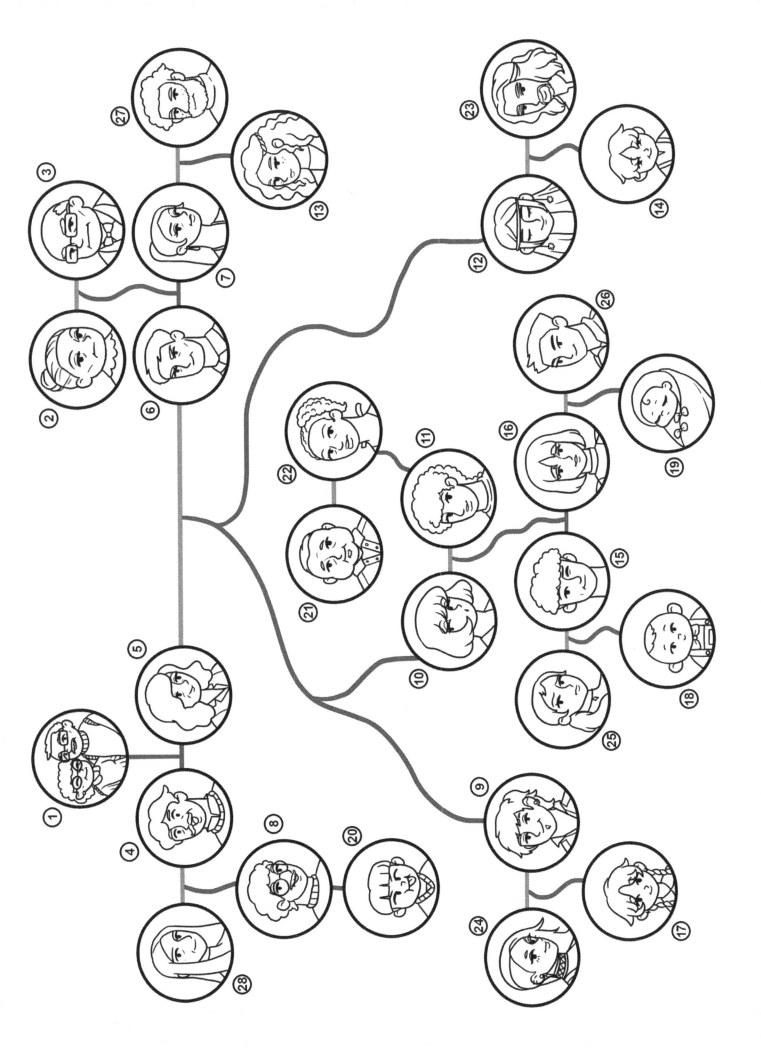

## 人际关系 (RELATIONSHIPS)

1) 已婚夫妻 (married couple)
   yǐ hūn fūqī

2) 已婚男人 (married man)
   yǐ hūn nánrén

3) 已婚女人 (married woman)
   yǐ hūn nǚrén

4) 离婚夫妻 (divorced couple)
   líhūn fūqī

5) 前妻 (ex-wife)
   qiánqī

6) 前夫 (ex-husband)
   qiánfū

7) 朋友 (friend)
   péngyǒu

8) 女朋友 (girlfriend)
   nǚ péngyǒu

9) 男朋友 (boyfriend)
   nán péngyǒu

10) 邻居 (neighbor)
    línjū

11) 单身 (single)
    dānshēn

12) 离婚者 (divorcée/divorcé)
    líhūn zhě

13) 鳏夫 (widower)
    guānfū

14) 寡妇 (widow)
    guǎfù

小王和他前妻的关系很好。
Xiǎo Wáng hé tā qiánqī de guānxì hěn hǎo.
Xiao Wang has a good relationship with his ex-wife.

我们的新邻居很吵。
Wǒmen de xīn línjū hěn chǎo.
Our new neighbor is very noisy.

现在社会上单身的人越来越多。
Xiànzài shèhuì shàng dānshēn de rén yuè lái yuè duō.
There are more and more single people in society nowadays.

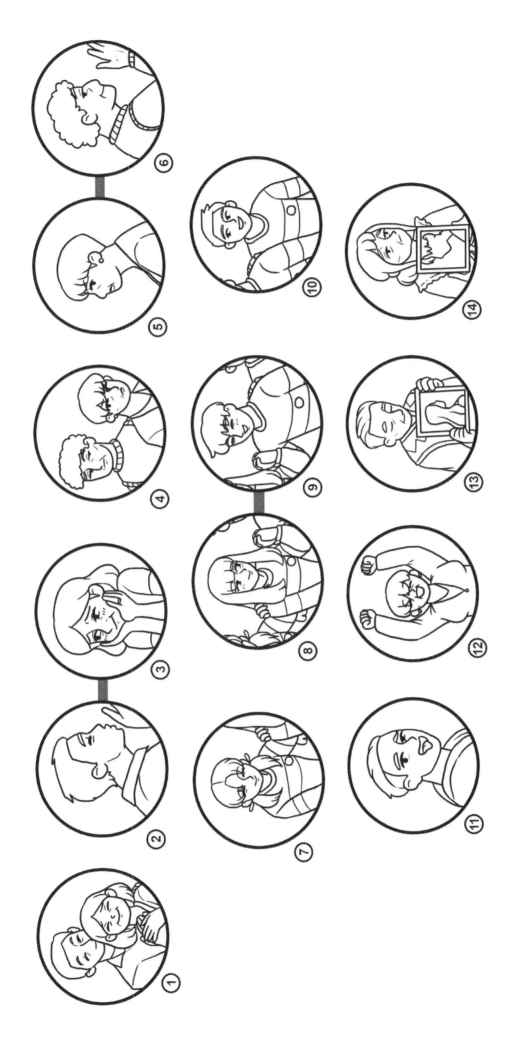

# 价值观 (VALUES)

1) 尊重 (respect)
   zūnzhòng

2) 感谢 (gratitude)
   gǎnxiè

3) 气度 (tolerance)
   qìdù

4) 合作 (collaboration)
   hézuò

5) 诚实 (honesty)
   chéngshí

6) 节制 (temperance)
   jiézhì

7) 责任心 (responsibility)
   zérèn xīn

8) 信仰 (faith)
   xìnyǎng

9) 勇气 (courage)
   yǒngqì

10) 仁善 (kindness)
    rén shàn

11) 承诺 (commitment)
    chéngnuò

12) 热情 (enthusiasm)
    rèqíng

13) 信任 (trust)
    xìnrèn

14) 守时 (punctuality)
    shǒu shí

我尊重我身边的每一个人。
Wǒ zūnzhòng wǒ shēnbiān de měi yī gè rén.
I respect everyone around me.

朋友之间要互相信任。
Péngyǒu zhījiān yào hùxiāng xìnrèn.
Friends should trust each other.

王明是一个很有责任心的人。
Wáng Míng shì yī gè hěn yǒu zérèn xīn de rén.
Wang Ming is a very responsible person.

## 人体 (THE HUMAN BODY)

1) 头 (head)
tóu

2) 头发 (hair)
tóufa

3) 脸 (face)
liǎn

4) 前额 (forehead)
qián'é

5) 耳朵 (ear)
ěrduo

6) 眼睛 (eyes)
yǎnjing

7) 鼻子 (nose)
bízi

8) 面颊 (cheek)
miànjiá

9) 嘴巴 (mouth)
zuǐbā

10) 下巴 (chin)
xiàba

11) 脖子 (neck)
bózi

12) 背 (back)
bèi

13) 胸 (chest)
xiōng

14) 肩膀 (shoulder)
jiānbǎng

15) 胳膊 (arm)
gēbo

16) 前臂 (forearm)
qiánbì

17) 手 (hand)
shǒu

18) 肚子 (abdomen)
dùzi

19) 腰 (waist)
yāo

20) 胯 (hip)
kuà

21) 腿 (leg)
tuǐ

22) 大腿 (thigh)
dàtuǐ

23) 膝盖 (knee)
xīgài

24) 小腿肚 (calf)
xiǎotuǐ dù

25) 小腿 (shin)
xiǎotuǐ

26) 脚 (foot)
jiǎo

我小时候的头发很长。
Wǒ xiǎoshíhòu de tóufa hěn cháng.
I had long hair when I was a kid.

昨天跑了五公里，今天我的腿好酸啊！
Zuótiān pǎole wǔ gōnglǐ, jīntiān wǒ de tuǐ hǎo suān a!
I ran five kilometers yesterday and my legs are sore today.

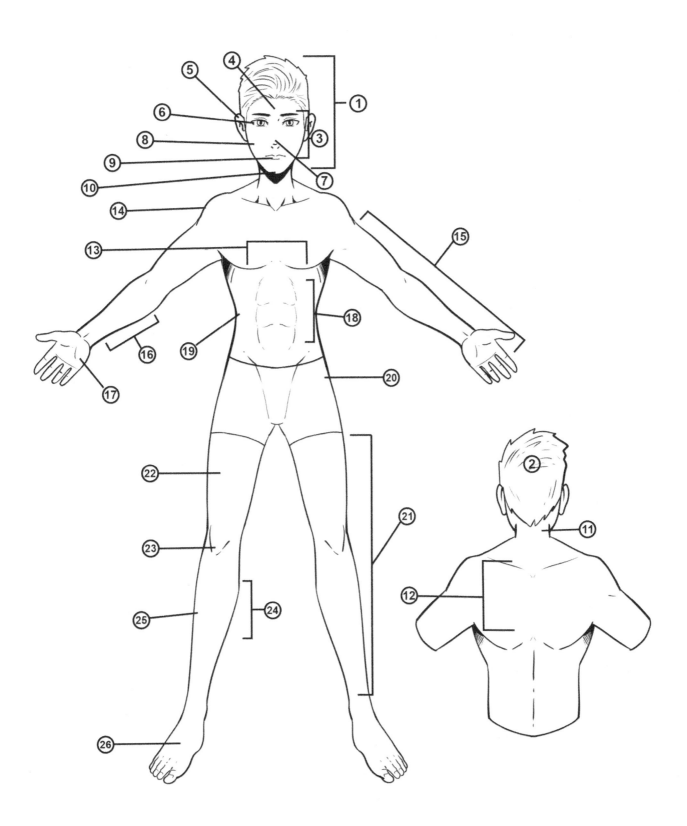

# 人体内脏 (INSIDE THE HUMAN BODY)

1) 皮肤 (skin)
   pífū

2) 肌肉 (muscles)
   jīròu

3) 骨头 (bones)
   gǔtou

4) 脑 (brain)
   nǎo

5) 甲状腺 (thyroid)
   jiǎzhuàngxiàn

6) 静脉 (veins)
   jìngmài

7) 动脉 (arteries)
   dòngmài

8) 心脏 (heart)
   xīnzàng

9) 肺 (lungs)
   fèi

10) 胃 (stomach)
    wèi

11) 食道 (esophagus)
    shídào

12) 胰脏 (pancreas)
    yízàng

13) 肝脏 (liver)
    gānzàng

14) 小肠 (small intestine)
    xiǎocháng

15) 大肠 (large intestine)
    dàcháng

16) 胆 (gallbladder)
    dǎn

17) 肾脏 (kidneys)
    shènzàng

18) 膀胱 (urinary bladder)
    pángguāng

现在很多人都做心脏手术。
Xiànzài hěnduō rén dōu zuò xīnzàng shǒushù.
Many people have heart surgery nowadays.

吸烟对肺很不好。
Xīyān duì fèi hěn bù hǎo.
Smoking is very bad for the lungs.

如果你想有肌肉，就一定要多吃蛋白质。
Rúguǒ nǐ xiǎng yǒu jīròu, jiù yīdìng yào duō chī dànbáizhì.
If you want to gain muscle, you must eat more protein.

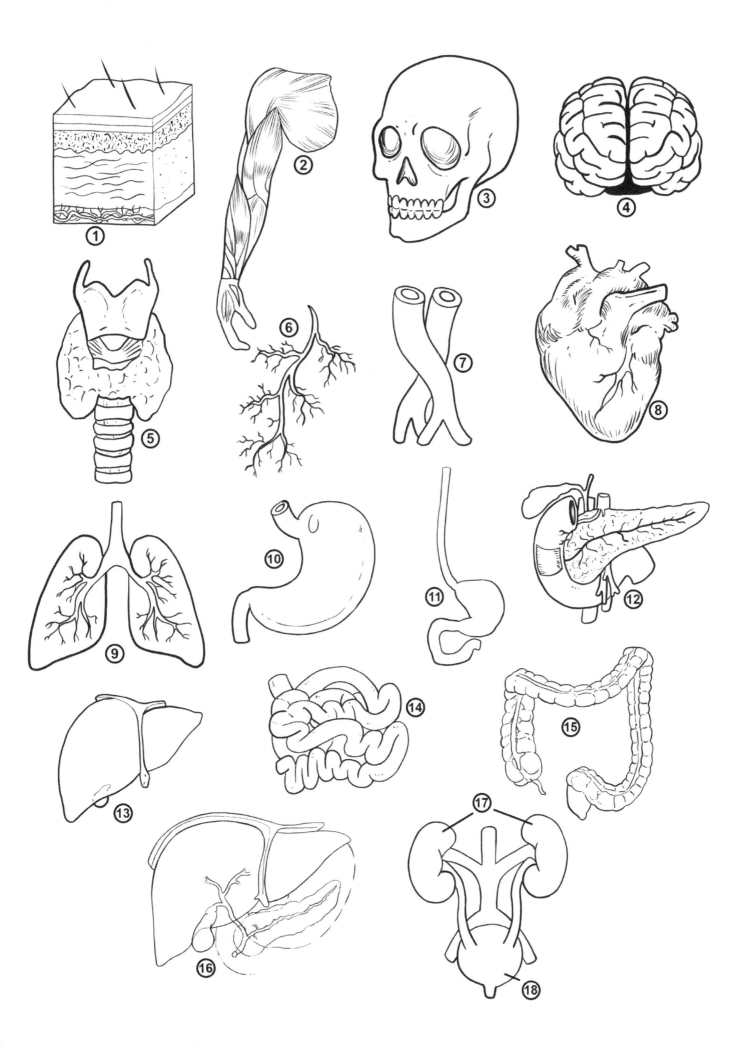

# 宠物 (PETS)

1) 狗 (dog)
   gǒu

2) 猫 (cat)
   māo

3) 雪貂 (ferret)
   xuě diāo

4) 猪仔 (mini pig/teacup pig)
   zhū zǎi

5) 马 (horse)
   mǎ

6) 神仙鱼 (angelfish)
   shénxiān yú

7) 小丑鱼 (clown fish)
   xiǎochǒu yú

8) 金鱼 (goldfish)
   jīnyú

9) 仓鼠 (hamster)
   cāngshǔ

10) 荷兰猪 (guinea pig)
    hélán zhū

11) 老鼠 (mouse)
    lǎoshǔ

12) 兔子 (rabbit)
    tùzi

13) 刺猬 (hedgehog)
    cìwei

14) 捕鸟蛛 (tarantula)
    bǔ niǎo zhū

15) 蚁后 (queen ant)
    yǐ hòu

16) 乌龟 (tortoise)
    wūguī

17) 蛇 (snake)
    shé

18) 变色龙 (chameleon)
    biànsèlóng

19) 鬣蜥 (iguana)
    liè xī

20) 金丝雀 (canary)
    jīn sī què

21) 鹦鹉 (parrot)
    yīngwǔ

22) 长尾鹦鹉 (parakeet)
    cháng wěi yīngwǔ

狗和猪比起来，我更喜欢狗。
Gǒu hé zhū bǐ qǐlái, wǒ gèng xǐhuān gǒu.
I prefer dogs to pigs.

金鱼是中国家庭常见的宠物。
Jīnyú shì Zhōngguó jiātíng chángjiàn de chǒngwù.
Goldfish are common pets in Chinese households.

很多人认为乌龟是长寿的象征。
Hěnduō rén rènwéi wūguī shì chángshòu de xiàngzhēng.
Many people think that the tortoise is a symbol of longevity.

## 动物园 (THE ZOO)

1) 大象 (elephant)
   dà xiàng

2) 犀牛 (rhino)
   xīniú

3) 长颈鹿 (giraffe)
   chángjǐnglù

4) 斑马 (zebra)
   bānmǎ

5) 河马 (hippopotamus)
   hémǎ

6) 猎豹 (cheetah)
   lièbào

7) 老虎 (tiger)
   lǎohǔ

8) 狮子 (lion)
   shīzi

9) 黑猩猩 (chimpanzee)
   hēixīngxing

10) 猩猩 (orangutan)
    xīngxing

11) 狒狒 (baboon)
    fèifèi

12) 袋鼠 (kangaroo)
    dàishǔ

13) 树袋熊 (koala)
    shùdàixióng

14) 狐猴 (lemur)
    húhóu

狮子是动物之王。
Shīzi shì dòngwù zhī wáng.
The lion is the king of animals.

我在澳大利亚见过袋鼠。
Wǒ zài Àodàlìyǎ jiànguò dàishǔ.
I have seen kangaroos in Australia.

大象是非常聪明的动物。
Dàxiàng shì fēicháng cōngmíng de dòngwù.
Elephants are very intelligent animals.

## 鸟类 (BIRDS)

1) 鸵鸟 (ostrich)
   tuóniǎo

2) 孔雀 (peacock)
   kǒngquè

3) 火鸡 (turkey)
   huǒjī

4) 公鸡 (rooster)
   gōngjī

5) 鸭子 (duck)
   yāzi

6) 天鹅 (swan)
   tiān'é

7) 鹈鹕 (pelican)
   tíhú

8) 红鹳 (flamingo)
   hóngguàn

9) 鸽子 (pigeon)
   gēzi

10) 猫头鹰 (owl)
    māotóuyīng

11) 雕 (vulture)
    diāo

12) 鹰 (eagle)
    yīng

13) 海鸥 (seagull)
    hǎi'ōu

14) 乌鸦 (crow)
    wūyā

15) 巨嘴鸟 (toucan)
    jù zuǐ niǎo

16) 企鹅 (penguin)
    qì'é

17) 啄木鸟 (woodpecker)
    zhuómùniǎo

18) 鹦鹉 (macaw)
    yīngwǔ

19) 蜂鸟 (hummingbird)
    fēngniǎo

20) 几维鸟 (kiwi)
    jī wéi niǎo

这只公鸡每天早上五点就开始叫。
Zhè zhǐ gōngjī měitiān zǎoshang wǔ diǎn jiù kāishǐ jiào.
The rooster began to crow every morning at five o'clock.

听说企鹅不怕人。
Tīng shuō qì'é bùpà rén.
I heard that penguins are not afraid of people.

火鸡是圣诞节一道传统的菜。
Huǒjī shì Shèngdànjié yī dào chuántǒng de cài.
Turkey is a traditional Christmas dish.

# 测试 #1

**Use arrows to match the corresponding translations:**

a. goldfish

1. 邻居

b. leg

2. 好奇

c. wife

3. 女朋友

d. serious

4. 孙子

e. seagull

5. 伤心

f. mouse

6. 脑

g. tiger

7. 老鼠

h. neighbor

8. 妻子

i. cat

9. 腿

j. sad

10. 金鱼

k. kindness

11. 鼻子

l. grandson

12. 严肃

m. girlfriend

13. 老虎

n. curious

14. 海鸥

o. brain

15. 仁善

p. nose

16. 猫

**Fill in the blank spaces with the options below (use each word only once):**

我的妹妹最近和她的＿＿＿在准备离婚。他们准备离婚的原因是因为他们的性格不合。我妹妹的丈夫是一个很＿＿＿和＿＿＿的人，我＿＿＿和＿＿＿很喜欢他。我妹妹的脾气不太好，她经常＿＿＿。他们在一起一共五年，结婚以前他们是＿＿＿。我妹妹很喜欢＿＿＿，现在她想有一条小狗。今天晚上我和妹妹都去爸爸妈妈家吃饭。我很高兴见到妹妹，可是她看起来状态不太好。她说她的＿＿＿和＿＿＿很疼，我觉得她看起来很＿＿＿。

爸爸                                头

妈妈                                丈夫

狗                                  诚实

心脏                                生气

焦虑                                朋友

有责任心

# 爬行动物和两栖动物 (REPTILES AND AMPHIBIANS)

- 爬行动物 (Reptiles)
  páxíng dòngwù

1) 蟒蛇 (anaconda)
   mǎngshé

2) 眼镜王蛇 (king cobra)
   yǎnjìng wáng shé

3) 响尾蛇 (rattlesnake)
   xiǎngwěishé

4) 珊瑚蛇 (coral snake)
   shānhú shé

5) 角蜥蜴 (horned lizard)
   jiǎo xīyì

6) 褶边蜥蜴 (frill-necked lizard)
   zhě biān xīyì

7) 普通蛇怪 (common basilisk/Jesus Christ lizard)
   pǔtōng shé guài

8) 科莫多巨蜥 (Komodo dragon)
   kē mò duō jù xī

9) 鳄鱼 (crocodile)
   èyú

10) 食肉动物 (gharial/gavial)
    shíròu dòngwù

11) 海龟 (sea turtle)
    hǎiguī

- 两栖动物 (Amphibians)
  liǎngqī dòngwù

12) 蝾螈 (salamander)
    róngyuán

13) 歌利亚蛙 (Goliath frog)
    gē lì yǎ wā

这条河里到处都是鳄鱼。
Zhè tiáo hé lǐ dàochù dōu shì èyú.
This river is full of crocodiles.

我在印度尼西亚见过科莫多巨蜥。
Wǒ zài Yìndùníxīyà jiànguò kē mò duō jù xī.
I have seen Komodo dragons in Indonesia.

我们必须保护海龟免受污染。
Wǒmen bìxū bǎohù hǎiguī miǎn shòu wūrǎn.
We must protect sea turtles from pollution.

# 昆虫和蛛形纲动物 (INSECTS AND ARACHNIDS)

- 昆虫 (Insects)
  kūnchóng

1) 蜜蜂 (bee)
   mìfēng

2) 熊蜂 (bumblebee)
   xióngfēng

3) 马蜂 (wasp)
   mǎfēng

4) 甲虫 (beetle)
   jiǎchóng

5) 蝴蝶 (butterfly)
   húdié

6) 蛾 (moth)
   é

7) 蜻蜓 (dragonfly)
   qīngtíng

8) 瓢虫 (ladybug)
   piáochóng

9) 萤火虫 (firefly)
   yínghuǒchóng

10) 蟑螂 (cockroach)
    zhāngláng

11) 虻 (horsefly)
    méng

12) 苍蝇 (fly)
    cāngying

13) 蚊子 (mosquito)
    wénzi

14) 蚱蜢 (grasshopper)
    zhàměng

15) 蟋蟀 (cricket)
    xīshuài

- 蛛形纲动物 (Arachnids)
  zhū xíng gāng dòngwù

16) 蝎子 (scorpion)
    xiēzi

17) 蜘蛛 (spider)
    zhīzhū

18) 鞋扣蜘蛛 (Southern black widow)
    xié kòu zhīzhū

很多人都害怕蜘蛛。
Hěnduō rén dōu hàipà zhīzhū.
Many people are scared of spiders.

我有一次在泰国被黄蜂蜇了。
Wǒ yǒu yī cì zài Tàiguó bèi huángfēng zhēle.
I got stung by a wasp once in Thailand.

瓢虫带来好运。
Piáochóng dài lái hǎo yùn.
Ladybugs bring good luck.

## 哺乳动物 I (MAMMALS I)

1) 蝙蝠 (bat)
   biānfú

2) 鸭嘴兽 (platypus)
   yāzuǐshòu

3) 杀人鲸 (killer whale/orca)
   shārén jīng

4) 海豚 (dolphin)
   hǎitún

5) 海狸 (beaver)
   hǎilí

6) 土拨鼠 (groundhog)
   tǔ bō shǔ

7) 鼹鼠 (mole)
   yǎnshǔ

8) 松鼠 (squirrel)
   sōngshǔ

9) 鼬鼠 (weasel)
   yòushǔ

10) 负鼠 (possum/opossum)
    fùshǔ

11) 老鼠 (rat)
    lǎoshǔ

12) 野兔 (hare)
    yětù

13) 狗獾 (badger)
    gǒu huān

14) 臭鼬 (skunk)
    chòu yòu

15) 豹子 (leopard)
    bàozi

吸血鬼变成蝙蝠。
Xīxuèguǐ biàn chéng biānfú.
Vampires turn into bats.

树上有一只红松鼠。
Shù shàng yǒu yī zhī hóng sōngshǔ.
There is a red squirrel in the tree.

动物园里最近新来了两只豹子。
Dòngwùyuán lǐ zuìjìn xīn láile liǎng zhī bàozi.
Two new leopards have recently arrived at the zoo.

## 哺乳动物 II (MAMMALS II)

1) 熊 (bear)
   xióng

2) 鬣狗 (hyena)
   lièbǒu

3) 豺狼 (jackal)
   cháiláng

4) 奶牛 (cow)
   nǎiniú

5) 公牛 (bull)
   gōngniú

6) 狐狸 (fox)
   húlí

7) 水牛 (buffalo)
   shuǐniú

8) 驼鹿 (elk/moose)
   tuólù

9) 绵羊 (sheep)
   miányáng

10) 山羊 (goat)
    shānyáng

11) 羚羊 (gazelle)
    língyáng

12) 狼 (wolf)
    láng

13) 猴子 (monkey)
    hóuzi

14) 公羊 (ram)
    gōng yáng

15) 驴子 (donkey)
    lúzi

永远不要在熊前面跑。
Yǒngyuǎn bùyào zài xióng qiánmiàn pǎo.
Never run in front of a bear!

驴子有时很固执。
Lǘzi yǒushí hěn gùzhí.
Donkeys are stubborn sometimes.

农场里的男孩每天挤奶。
Nóngchǎng lǐ de nánhái měitiān jǐ nǎi.
The boy in the farm milks the cow every day.

## 鱼和软体动物 (FISH AND MOLLUSKS)

- **鱼** (Fish)
  yú

1) 鲸鲨 (whale shark)
   jīngshā

2) 大白鲨 (white shark)
   dà bái shā

3) 双髻鲨 (hammerhead shark)
   shuāng jì shā

4) 剑鱼 (swordfish/marlin)
   jiàn yú

5) 梭鱼 (barracuda)
   suō yú

6) 河豚鱼 (pufferfish)
   hétún yú

7) 鲶鱼 (catfish)
   niányú

8) 食人鱼 (piranha)
   shí rén yú

9) 飞鱼 (flying fish)
   fēiyú

10) 海鳗 (moray eel)
    hǎi mán

11) 蝠鲼 (manta ray)
    fú fèn

12) 海马 (seahorse)
    hǎimǎ

- **软体动物** (Mollusks)
  ruǎntǐ dòngwù

13) 鱿鱼 (squid)
    yóuyú

14) 乌贼 (cuttlefish)
    wūzéi

15) 章鱼 (octopus)
    zhāngyú

16) 牡蛎 (oyster)
    mǔlì

17) 蛤蜊 (clam)
    gélí

18) 鹦鹉螺 (nautilus)
    yīngwǔ luó

19) 蜗牛 (snail)
    wōniú

20) 蛞蝓 (slug)
    kuòyú

在海里游泳时要小心白鲨。
Zài hǎilǐ yóuyǒng shí yào xiǎoxīn bái shā.
Beware of the great white sharks when you swim in the sea.

我讨厌吃牡蛎，因为我不喜欢它的质地。
Wǒ tǎoyàn chī mǔlì, yīnwèi wǒ bù xǐhuān tā de zhìdì.
I hate eating oysters because I don't like the texture.

## 衣服 I (CLOTHING I)

1) 雨衣 (raincoat)
   yǔyī

2) 连帽卫衣 (hoodie)
   lián mào wèiyī

3) 夹克 (jacket)
   jiákè

4) 牛仔裤 (jeans)
   niúzǎikù

5) 男式平角内裤 (boxer shorts)
   nánshì píngjiǎo nèikù

6) 靴子 (boots)
   xuēzi

7) 耳环 (earrings)
   ěrhuán

8) 毛衣 (sweater)
   máoyī

9) 项链 (necklace)
   xiàngliàn

10) 胸罩 (bra)
    xiōngzhào

11) 打底裤 (leggings)
    dǎ dǐ kù

12) 袜子 (socks)
    wàzi

13) 女式衬衫/上衣 (blouse/top)
    nǚ shì chènshān/shàngyī

14) 手链 (bracelet)
    shǒuliàn

15) 短裤 (shorts)
    duǎnkù

16) 女士内裤 (panties)
    nǚshì nèikù

17) 大衣 (coat)
    dàyī

18) 连衣裙 (dress)
    liányīqún

19) 钱包 (purse)
    qiánbāo

20) 凉拖鞋 (sandals)
    liáng tuōxié

不要忘了你的雨衣!
Bùyào wàngle nǐ de yǔyī!
Do not forget your raincoat!

我喜欢在沙滩上穿凉拖鞋。
Wǒ xǐhuān zài shātān shàng chuān liáng tuōxié.
I like to wear sandals on the beach.

在办公室我总是穿连衣裙或者女式衬衫。
Zài bàngōngshì wǒ zǒng shì chuān liányīqún huòzhě nǚ shì chènshān.
In the office I always wear a dress or a blouse.

# 衣服 II (CLOTHING II)

1) 帽子 (hat)
màozi

2) 礼服 (tuxedo/smoking)
lǐfú

3) 蝴蝶领结 (bow tie)
húdié lǐngjié

4) 鞋子 (shoes)
xiézi

5) 西服 (suit)
xīfú

6) 衬衫 (shirt)
chènshān

7) 领带 (tie)
lǐngdài

8) 公文包 (briefcase/case)
gōngwén bāo

9) 女式长衬衫 (long-sleeved blouse)
nǚ shì cháng chènshān

10) 运动胸罩 (sports bra)
yùndòng xiōngzhào

11) 裤子 (trousers/pants)
kùzi

12) 腰带 (belt)
yāodài

13) 戒指 (ring)
jièzhǐ

14) T 恤衫 (T-shirt)
T xùshān

15) 裙子 (skirt)
qúnzi

16) 围巾 (scarf)
wéijīn

17) 手表 (watch)
shǒubiǎo

18) 工装裤 (cargo pants)
gōngzhuāng kù

19) 钱包 (wallet)
qiánbāo

20) 雨伞 (umbrella)
yǔsǎn

钱在公文包里。
Qián zài gōngwén bāo lǐ.
The money is in the briefcase.

外面太阳很大，你应该戴个帽子。
Wàimiàn tàiyáng hěn dà, nǐ yīnggāi dài gè màozi.
The sun is strong outside, you should wear a hat.

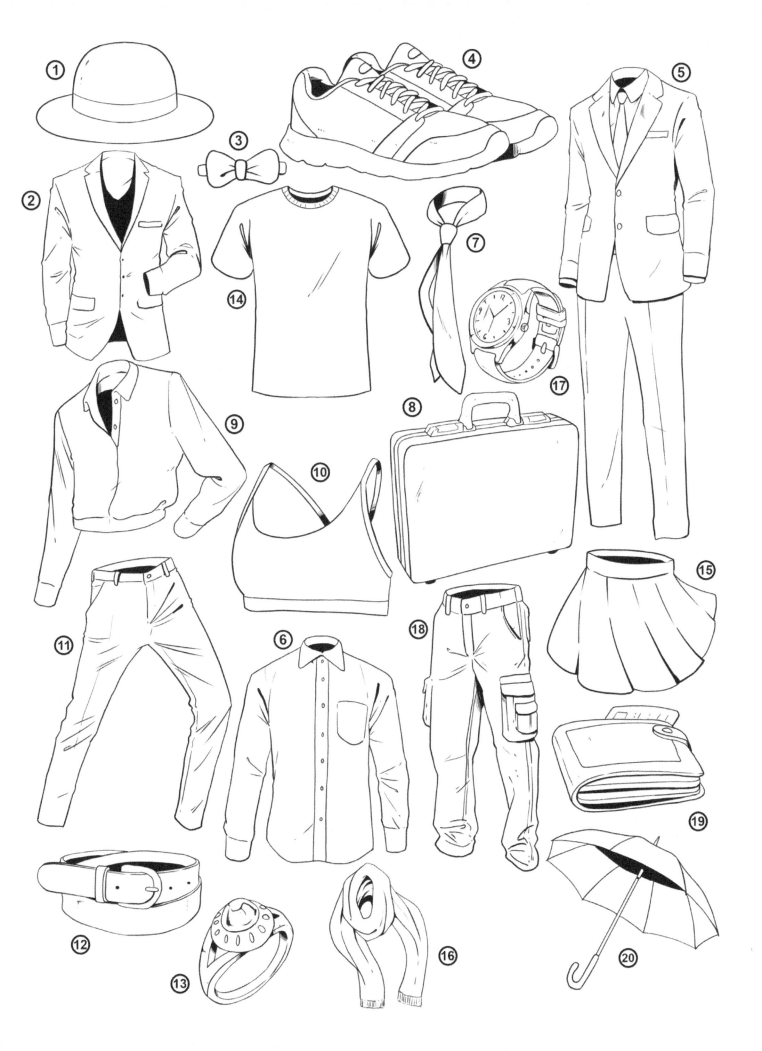

# 天气 (THE WEATHER)

1) 晴天 (sunny)
   qíngtiān

2) 热 (hot)
   rè

3) 沙尘暴 (sandstorm)
   shāchénbào

4) 多云(cloudy)
   duōyún

5) 暖和 (warm)
   nuǎnhuo

6) 有雾 (foggy/misty)
   yǒu wù

7) 多雨 (rainy)
   duō yǔ

8) 凉爽 (cool)
   liángshuǎng

9) 雨滴 (raindrop)
   yǔdī

10) 闷热 (humid/hot)
    mēnrè

11) 暴雨 (storm)
    bàoyǔ

12) 闪电 (lightning)
    shǎndiàn

13) 有风 (windy)
    yǒu fēng

14) 下雪 (snowy)
    xià xuě

15) 冷 (cold)
    lěng

16) 雪花 (snowflake)
    xuěhuā

中东常年都很热。
Zhōngdōng chángnián dōu hěn rè.
The Middle East is hot all year round.

冬天我总是觉得冷。
Dōngtiān wǒ zǒngshì juédé lěng.
I always feel cold in winter.

北京常常有沙尘暴。
Běijīng chángcháng yǒu shāchénbào.
There are often sandstorms in Beijing.

# 季节-春天 (THE SEASONS – SPRING)

1) 花园 (garden)
   huāyuán

2) 开花 (blossom)
   kāihuā

3) 野餐 (picnic)
   yěcān

4) 公园 (park)
   gōngyuán

5) 骑自行车 (bike ride)
   qí zìxíngchē

6) 柠檬水 (lemonade)
   níngméng shuǐ

7) 街市 (garage sale)
   jiēshì

8) 公路旅行 (road trip)
   gōnglù lǚxíng

9) 画岩石 (to paint rocks)
   huà yánshí

10) 种花 (to plant some flowers)
    zhòng huā

11) 放风筝 (to fly a kite)
    fàng fēngzhēng

12) 参加烧烤 (to attend a barbecue)
    cānjiā shāokǎo

星期六，我们要去公园野餐。
Xīngqīliù, wǒmen yào qù gōngyuán yěcān.
On Saturday, we are going to have a picnic in the park.

美国西部的公路旅行很出名。
Měiguó xībù de gōnglù lǚxíng hěn chūmíng.
The road trips in the West of America are famous.

我们家的花园很大。
Wǒmen jiā de huāyuán hěn dà.
Our garden is huge.

## 季节-夏天 (THE SEASONS – SUMMER)

1) 去露营 (to go camping)
   qù lùyíng

2) 水上乐园 (water park)
   shuǐshàng lèyuán

3) 户外活动 (outdoor activities)
   hùwài huódòng

4) 游泳池 (swimming pool)
   yóuyǒngchí

5) 游泳 (to swim)
   yóuyǒng

6) 晒黑 (to get tanned)
   shài hēi

7) 防晒霜 (suncream)
   fángshài shuāng

8) 驱虫剂 (insect repellent)
   qūchóng jì

9) 湖 (lake)
   hú

10) 救生员 (lifesaver/lifeguard)
    jiùshēng yuán

11) 沙堡 (sandcastle)
    shā bǎo

12) 去远足 (to go on a hike)
    qù yuǎnzú

夏天我们常常去水上乐园玩。
Xiàtiān wǒmen chángcháng qù shuǐshàng lèyuán wán.
In summer we often go to the water park to play.

中国人不喜欢晒黑。
Zhōngguó rén bù xǐhuān shài hēi.
Chinese people don't like getting tanned.

很多小朋友喜欢在沙滩上建沙堡。
Hěnduō xiǎopéngyǒu xǐhuān zài shātān shàng jiàn shā bǎo.
Many children like to build sand castles on the beach.

# 测试 #2

**Use arrows to match the corresponding translations:**

a. horsefly              1. 暖和

b. spider                2. 领带

c. king cobra            3. 蝴蝶

d. coat                  4. 蝙蝠

e. socks                 5. 甲虫

f. crocodile             6. 项链

g. tie                   7. 蜘蛛

h. wasp                  8. 虻

i. ring                  9. 大衣

j. snail                 10. 眼镜王蛇

k. sunny                 11. 袜子

l. beetle                12. 马蜂

m. bat                   13. 晴天

n. warm                  14. 蜘蛛

o. necklace              15. 戒指

p. butterfly             16. 蜗牛

**Fill in the blank spaces with the options below (use each word only once):**

小娟是一名小学老师。 上周她带班级参观了一个农场。 天气预报说可能会下雨，小娟穿了一件牛仔裤、____ 和一件____。小娟还拿了一把____。可是那天天气很____，是____。那天在农场，学生们看到了鸡、猪、马和牛。 还有一个有数百只____的蜂巢。 学生们还看到了____，很漂亮！

雨衣                                                  热

伞                                                  蜻蜓

蜜蜂                                                  毛衣

晴天

# 季节 – 秋天(THE SEASONS – FALL/AUTUMN)

1) 树叶变色 (changing leaves)
shùyè biànsè

2) 收树叶 (to collect leaves)
shōu shùyè

3) 南瓜 (pumpkin)
nánguā

4) 刻南瓜 (to carve a pumpkin)
kè nánguā

5) 捡苹果 (apple picking)
jiǎn píngguǒ

6) 万圣节服装 (Halloween costume)
Wànshèngjié fúzhuāng

7) 万圣节糖果 (Halloween candy)
Wànshèngjié tángguǒ

8) 香料蜡烛 (spiced candles)
xiāngliào làzhú

9) 感恩节晚餐 (Thanksgiving dinner)
Gǎn'ēnjié wǎncān

10) 毛毯 (wool blanket)
máotǎn

11) 烤棉花糖 (to roast marshmallows)
kǎo miánhuā táng

12) 装饰院子 (to decorate the yard)
zhuāngshì yuànzi

万圣节的时候，我刻了一个南瓜。
Wànshèngjié de shíhòu, wǒ kèle yī gè nánguā.
I carved a pumpkin for Halloween.

为了庆祝圣诞节，我买了很多香料蜡烛。
Wèile qìngzhù Shèngdàn jié, wǒ mǎile hěnduō xiāngliào làzhú.
To celebrate Christmas, I bought a lot of scented candles.

我最大的爱好是设计万圣节服装。
Wǒ zuìdà de àihào shì shèjì Wànshèngjié fúzhuāng.
My biggest hobby is designing Halloween costumes.

## 季节 – 冬天 (THE SEASONS – WINTER)

1) 热可可/热巧克力 (hot cocoa/hot chocolate)
rè kěkě/rè qiǎokèlì

2) 雪橇 (sled)
xuěqiāo

3) 手套 (gloves/mittens)
shǒutào

4) 棉袄 (puffy jacket)
mián'ǎo

5) 汤 (soup)
tāng

6) 姜味饼干 (gingerbread cookies)
jiāng wèi bǐnggān

7) 结霜的窗户 (frosty window)
jié shuāng de chuānghù

8) 松塔 (pinecone)
sōng tǎ

9) 滑冰 (ice skating)
huábīng

10) 滑雪 (ski)
huáxuě

11) 溜冰场 (ice rink)
liūbīng chǎng

12) 雪球 (snowball)
xuě qiú

冬天在暖气旁边喝热巧克力是一种享受。
Dōngtiān zài nuǎnqì pángbiān hē rè qiǎokèlì shì yī zhǒng xiǎngshòu.
Drinking hot chocolate next to the heater in winter is a treat.

我小的时候非常喜欢滑冰。
Wǒ xiǎo de shíhòu fēicháng xǐhuān huábīng.
I was very fond of ice skating when I was a kid.

汤做好了，快吃吧！
Tāng zuò hǎole, kuài chī ba!
The soup is ready, let's eat it!

## 时间 (TIME)

1) 时区 (time zone)
shíqū

2) 秒 (second)
miǎo

3) 分钟 (minute)
fēnzhōng

4) 小时 (hour)
xiǎoshí

5) 天 (day)
tiān

6) 星期 (week)
xīngqī

7) 两周 (fortnight)
liǎng zhōu

8) 月 (month)
yuè

9) 年 (year)
nián

10) 黎明 (dawn)
límíng

11) 早上/上午 (morning)
zǎoshang/shàngwǔ

12) 中午 (noon/midday)
zhōngwǔ

13) 下午 (afternoon)
xiàwǔ

14) 黄昏 (dusk)
huánghūn

15) 晚上 (night)
wǎnshang

16) 午夜 (midnight)
wǔyè

17) 日期 (date)
rìqī

18) 日历 (calendar)
rìlì

一个星期有七天。
Yī gè xīngqí yǒu qītiān.
There are seven days in a week.

我的生日是十月。
Wǒ de shēngrì shì shí yuè.
My birthday is October.

我们今天下午 1 点等你吃午饭。
Wǒmen jīntiān xiàwǔ yī diǎn děng nǐ chī wǔfàn.
We will wait for you at 1 p.m. today for lunch.

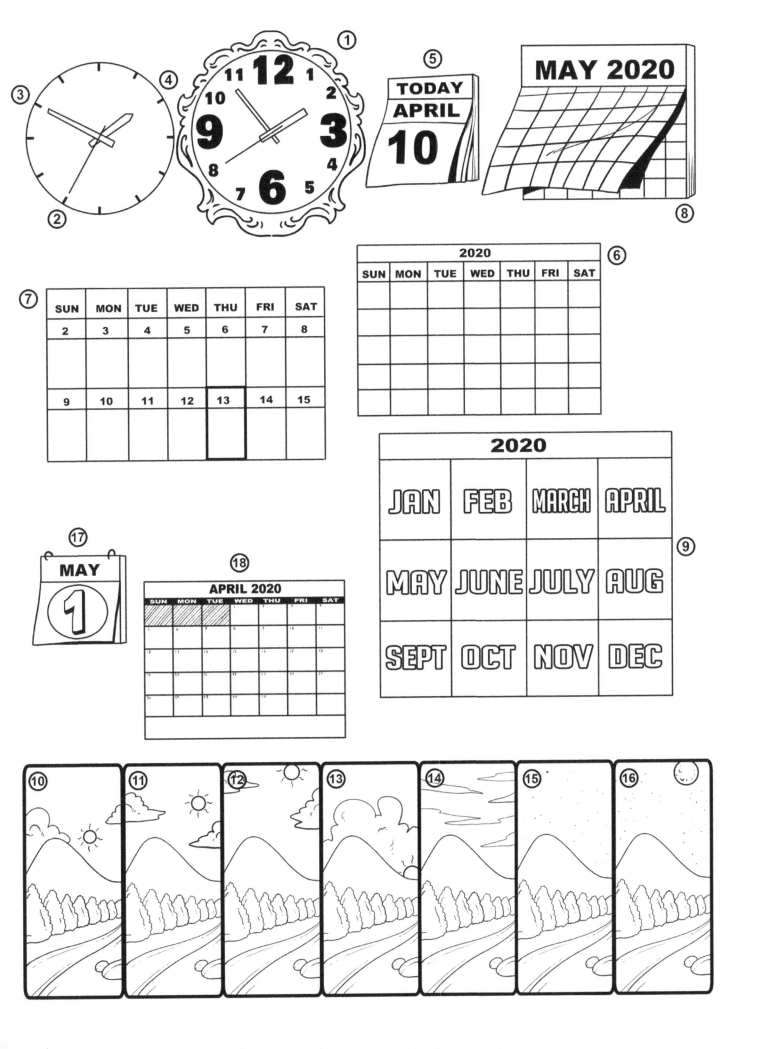

# 房子 (THE HOUSE)

1) 阁楼 (attic)
   gélóu

2) 屋顶 (roof)
   wūdǐng

3) 天花板 (ceiling)
   tiānhuābǎn

4) 烟囱 (chimney)
   yāncōng

5) 墙 (wall)
   qiáng

6) 阳台 (balcony)
   yángtái

7) 门廊 (porch)
   ménláng

8) 窗户 (window)
   chuānghu

9) 百叶窗 (shutters)
   bǎiyèchuāng

10) 门 (door)
    mén

11) 楼梯 (stairs)
    lóutī

12) 栏杆 (banister)
    lángān

13) 地面 (floor)
    dìmiàn

14) 地下室 (basement)
    dìxiàshì

15) 后院 (backyard)
    hòuyuàn

16) 车库 (garage)
    chēkù

17) 车道 (driveway)
    chēdào

18) 栅栏 (fence/picket fence)
    zhàlán

19) 邮箱 (mailbox)
    yóuxiāng

20) 走道 (hallway/corridor)
    zǒudào

我很喜欢你的百叶窗的颜色。
Wǒ hěn xǐhuān nǐ de bǎiyèchuāng de yánsè.
I love the color of your shutters.

你的后院空间很大。
Nǐ de hòuyuàn kōngjiān hěn dà.
Your backyard has a lot of space.

小心车道上停着车。
Xiǎoxīn chēdào shàng tíngzhe chē.
Watch out for cars parking in the driveway.

## 厨房用品 (KITCHEN ITEMS)

1) 炉子 (stove)
   lúzi

2) 微波炉 (microwave oven)
   wéibōlú

3) 烤箱 (oven)
   kǎoxiāng

4) 电动搅拌器 (electric mixer)
   diàndòng jiǎobàn qì

5) 搅拌机 (blender)
   jiǎobànjī

6) 烤面包机 (toaster)
   kǎo miànbāo jī

7) 咖啡机 (coffee maker)
   kāfēi jī

8) 冰箱 (fridge)
   bīngxiāng

9) 储藏室 (pantry)
   chǔcáng shì

10) 橱柜 (cupboard)
    chúguì

11) 蛋糕盘 (cake pan)
    dàngāo pán

12) 平底锅 (frying pan)
    píngdǐ guō

13) 陶瓷锅 (pot)
    táocí guō

14) 饼干模具 (cookie cutters)
    bǐnggān mújù

15) 搅拌碗 (mixing bowl)
    jiǎobàn wǎn

16) 漏锅 (colander)
    lòu guō

17) 滤网 (strainer)
    lǜ wǎng

18) 擀面杖 (rolling pin)
    gǎnmiànzhàng

19) 烤箱手套 (oven mitt)
    kǎoxiāng shǒutào

20) 围裙 (apron)
    wéiqún

我喜欢用搅拌机做冰沙。
Wǒ xǐhuān yòng jiǎobànjī zuò bīng shā.
I used a blender to make a smoothie.

去冰箱里拿一瓶酸奶！
Qù bīngxiāng lǐ ná yī píng suānnǎi！
Go and get a yogurt from the fridge!

我用擀面杖做饺子皮。
Wǒ yòng gǎnmiànzhàng zuò jiǎozi pí.
I use a rolling pin to make dumpling pastries.

## 卧室用品 (BEDROOM ITEMS)

1) 床 (bed)
   chuáng

2) 床垫 (mattress)
   chuángdiàn

3) 被褥 (bedding/bed linen)
   bèirù

4) 枕头 (pillow)
   zhěntou

5) 床单 (sheets)
   chuángdān

6) 被子 (blanket)
   bèizi

7) 床罩 (spread)
   chuángzhào

8) 枕头套 (pillowcase)
   zhěntou tào

9) 床头柜 (nightstand)
   chuángtóuguì

10) 闹钟 (table clock)
    nàozhōng

11) 床头灯 (table light)
    chuáng tóu dēng

12) 壁橱 (closet)
    bìchú

13) 摇椅 (rocking chair)
    yáoyǐ

14) 台灯 (lamp)
    táidēng

15) 镜子 (mirror)
    jìngzi

16) 梳妆台 (dresser)
    shūzhuāng tái

17) 窗帘 (curtain)
    chuānglián

18) 婴儿床 (cradle/crib)
    yīng'ér chuáng

19) 床铃 (crib mobile)
    chuáng líng

20) 衣架 (hanger)
    yījià

我要换床单了!
Wǒ yào huàn chuángdān le!
I am going to change the sheets.

婴儿昨天晚上睡在婴儿床上。
Yīng'ér zuótiān wǎnshàng shuì zài yīng'ér chuángshàng.
The baby slept in the crib last night.

这个床垫对我来说太硬了！
Zhège chuángdiàn duì wǒ lái shuō tài yìng le!
This mattress is too hard for me.

68

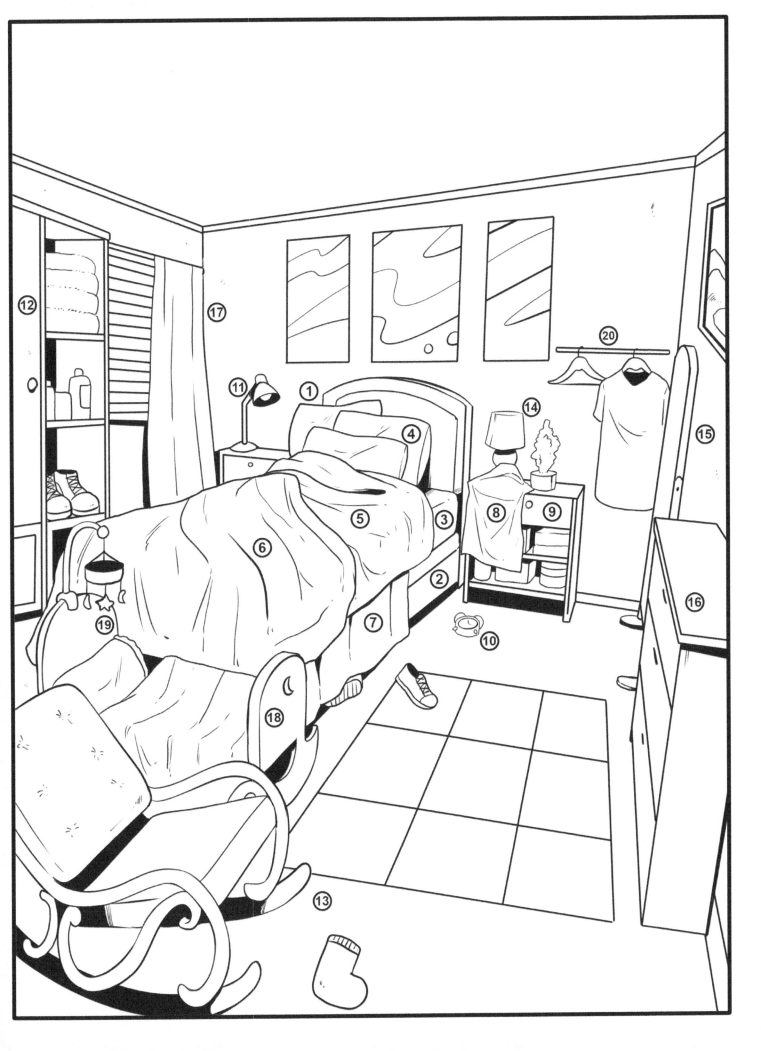

# 浴室用品 (BATHROOM ITEMS)

1) 淋浴帘 (shower curtain)
   línyù lián

2) 浴巾 (towel)
   yùjīn

3) 毛巾架 (towel rack)
   máojīn jià

4) 手巾 (hand towel)
   shǒujīn

5) 浴盆 (bathtub)
   yùpén

6) 淋浴 (shower)
   línyù

7) 厕所 (toilet/WC)
   cèsuǒ

8) 洗手盆 (sink/washbasin)
   xǐshǒu pén

9) 水龙头 (faucet/tap)
   shuǐlóngtóu

10) 浴垫 (bathmat)
    yù diàn

11) 医柜 (medicine cabinet)
    yīguì

12) 牙膏 (toothpaste)
    yágāo

13) 牙刷 (toothbrush)
    yáshuā

14) 洗头膏 (shampoo)
    xǐ tóu gāo

15) 梳子 (comb)
    shūzi

16) 香皂 (soap)
    xiāngzào

17) 剃须膏 (shaving foam)
    tì xū gāo

18) 剃须刀 (razor/shaver)
    tì xū dāo

19) 卫生纸 (toilet paper)
    wèishēngzhǐ

20) 柱塞 (plunger)
    zhù sāi

21) 马桶刷 (toilet brush)
    mǎtǒng shuā

22) 垃圾篓 (wastebasket)
    lājī lǒu

浴室里没有卫生纸了！
Yùshì lǐ méiyǒu wèishēngzhǐ le.
There is no more toilet paper in the bathroom.

把毛巾放在毛巾架上。
Bǎ máojīn fàng zài máojīn jià shàng.
Place the towel on the towel rack.

不要忘记关水龙头。
Bùyào wàngjì guān shuǐlóngtóu.
Do not forget to turn off the tap.

## 客厅用品 (LIVING ROOM ITEMS)

1) 家具 (furniture)
jiājù

2) 椅子 (chair)
yǐzi

3) 沙发 (sofa)
shāfā

4) 长沙发椅 (couch)
cháng shāfā yǐ

5) 垫子 (cushion)
diànzi

6) 茶几 (coffee table)
chájī

7) 烟灰缸 (ashtray)
yānhuī gāng

8) 花瓶 (vase)
huāpíng

9) 装饰品 (ornaments)
zhuāngshì pǐn

10) 书架/书柜 (bookshelf/bookcase)
shūjià/shūguì

11) 杂志架 (magazine holder)
zázhì jià

12) 音响 (stereo)
yīnxiǎng

13) 扬声器 (speakers)
yángshēngqì

14) 壁炉 (fireplace)
bìlú

15) 吊灯 (chandelier)
diàodēng

16) 灯 (lamp)
dēng

17) 灯泡 (light bulb)
dēngpào

18) 挂钟 (wall clock)
guàzhōng

19) 画儿 (painting)
huàr

20) 电视 (TV/television)
diànshì

21) 遥控器 (remote control)
yáokòng qì

22) 视频游戏机 (video game console)
shìpín yóuxì jī

现在很多人都爱看很多电视。
Xiànzài hěnduō rén dōu ài kàn hěnduō diànshì.
Many people love to watch a lot of TV nowadays.

我很喜欢給家里买装饰品。
Wǒ hěn xǐhuān gěi jiālǐ mǎi zhuāngshì pǐn.
I love buying decorations for my home.

画画儿是我的一个新爱好。
Huà huàr shì wǒ de yī gè xīn àihào.
Drawing is a new hobby of mine.

# 餐厅用品 (DINING ROOM ITEMS)

1) 餐桌 (dining table)
cānzhuō

2) 桌布 (tablecloth)
zhuōbù

3) 主菜 (centerpiece)
zhǔ cài

4) 餐垫 (placemat)
cān diàn

5) 盘子 (plate)
pánzi

6) 纸巾 (napkin)
zhǐjīn

7) 刀子 (knife)
dāozi

8) 叉子 (fork)
chāzi

9) 勺子 (spoon)
sháozi

10) 罐子 (pitcher/jar)
guànzi

11) 玻璃杯 (glass)
bōli bēi

12) 杯子 (mug/cup)
bēizi

13) 盐罐 (saltshaker)
yán guàn

14) 胡椒罐 (pepper shaker)
hújiāo guàn

15) 托盘 (tray)
tuōpán

16) 饮料 (drink/beverage)
yǐnliào

17) 食物 (food)
shíwù

18) 零食 (snack)
língshí

我最喜欢的食物是印度食物。
Wǒ zuì xǐhuān de shíwù shì Yìndù shíwù.
My favorite food is Indian food.

这家饭馆儿的桌布每天都要换。
Zhè jiā fànguǎnr de zhuōbù měitiān dōu yào huàn.
The tablecloths in this restaurant are changed every day.

经常吃零食容易长胖。
Jīngcháng chī língshí róngyì zhǎng pàng.
Eating snacks often makes you gain weight.

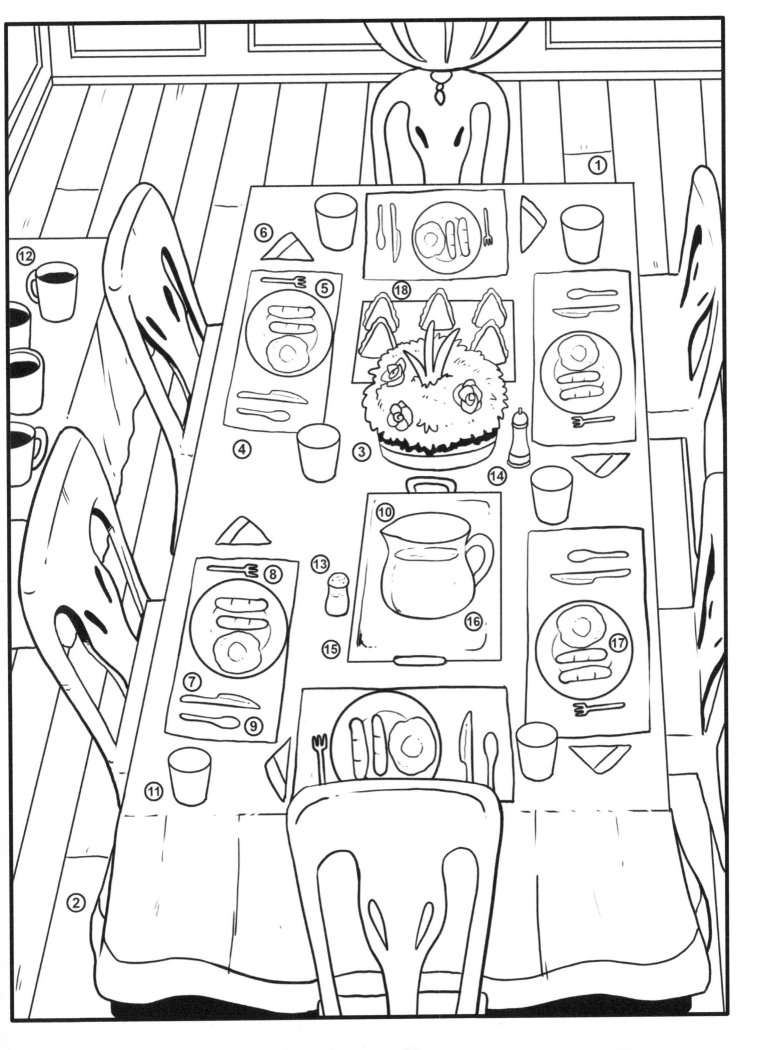

# 测试 #3

**Use arrows to match the corresponding translations:**

a. morning                 1. 围裙

b. pumpkin                 2. 窗户

c. door                    3. 溜冰场

d. Halloween costume       4. 雪球

e. pillow                  5. 毛巾架

f. afternoon               6. 壁橱

g. sled                    7. 烤面包机

h. apron                   8. 南瓜

i. ice rink                9. 门

j. towel rack              10. 早上

k. wall                    11. 下午

l. closet                  12. 壁炉

m. window                  13. 枕头

n. fireplace               14. 雪橇

o. snowball                15. 万圣节服装

p. toaster                 16. 墙

**Fill in the blank spaces with the options below (use each word only once):**

我喜欢所有的季节。秋天的时候，树上的_____，我周末常常到公园去_____。我也很喜欢_____和_____。万圣节的时候，爸爸总是_____。我总是在壁炉前放一个，它们看起来像可怕的小灯！我们要去邻居家找_____。 在那之后，大约在午夜，我们点燃了_____，坐在_____上喝着美味的热巧克力。感恩节的时候，我们会准备很丰盛的_____。我们今___冬天会去北欧度假，我们会去_____，做很大的_____。冬天的时候，我喜欢晚上一边看_____，一边吃_____。

| | |
|---|---|
| 香料蜡烛 | 沙发 |
| 电视 | 收树叶 |
| 感恩节晚餐 | 滑雪 |
| 糖果 | 树叶变色 |
| 雪球 | 零食 |
| 刻南瓜 | 年 |

# 花园/后院 (THE GARDEN/THE BACKYARD)

1) 园工 (gardener)
   yuán gōng

2) 棚子 (shed)
   péngzi

3) 灌木 (bush)
   guànmù

4) 草坪 (lawn)
   cǎopíng

5) 草 (grass)
   cǎo

6) 花 (flower)
   huā

7) 花园水管 (garden hose)
   huāyuán shuǐguǎn

8) 浇水壶 (watering can)
   jiāo shuǐhú

9) 花盆 (flowerpot)
   huāpén

10) 园艺手套 (gardening gloves)
    yuányì shǒutào

11) 铲子 (shovel)
    chǎnzi

12) 耙子 (rake)
    pázi

13) 园艺叉 (gardening fork)
    yuányì chā

14) 修枝剪 (pruners/pruning shears)
    xiū zhī jiǎn

15) 小铲子 (garden trowel)
    xiǎo chǎnzi

16) 水龙头 (tap)
    shuǐlóngtóu

17) 独轮车 (wheelbarrow)
    dúlúnchē

18) 割草机 (lawn mower)
    gē cǎo jī

19) 灯笼 (lantern)
    dēnglong

20) 藤 (vine)
    téng

我家后院的草坪保存得很好。
Wǒ jiā hòuyuàn de cǎopíng bǎocún dé hěn hǎo.
The lawn in my backyard is well kept.

所有的工具都保存在棚子里。
Suǒyǒu de gōngjù dōu bǎocún zài péngzi lǐ.
All the tools are kept in the shed.

夏天的时候，我每个星期都用割草机。
Xiàtiān de shíhòu, wǒ měi gè xīngqí dōu yòng gē cǎo jī.
During the summer, I use the lawn mower every week.

# 洗衣房 (THE CLEANING ROOM)

1) 洗衣机 (washing machine)
   xǐyījī

2) 烘干机 (dryer)
   hōng gān jī

3) 熨斗 (iron)
   yùndǒu

4) 熨衣板 (ironing board)
   yùn yī bǎn

5) 肥皂 (laundry soap)
   féizào

6) 洗衣粉 (laundry detergent)
   xǐyī fěn

7) 柔软剂 (fabric softener)
   róuruǎn jì

8) 洗衣筐 (laundry basket)
   xǐyī kuāng

9) 脏衣服 (dirty clothes)
   zāng yīfu

10) 干净的衣服 (clean laundry)
    gānjìng de yīfu

11) 扫把 (broom)
    sàobǎ

12) 簸箕 (dust pan)
    bòji

13) 塑料手套 (rubber gloves)
    sùliào shǒutào

14) 海绵 (sponge)
    hǎimián

15) 塑料盆 (plastic tub)
    sùliào pén

16) 拖把 (mop)
    tuōbǎ

17) 桶 (bucket)
    tǒng

18) 抹布 (cleaning cloths)
    mābù

19) 刷子 (scrub brush)
    shuāzi

20) 漂白剂 (bleach)
    piǎobái jì

21) 消毒液 (disinfectant)
    xiāodú yè

22) 垃圾桶 (garbage can)
    lājī tǒng

我不喜欢洗衣服。
Wǒ bù xǐhuān xǐ yīfu.
I do not like doing the laundry.

清洁工在一天结束时拖地。
Qīngjié gōng zài yī tiān jiéshù shí tuō dì.
The cleaner mops the floor at the end of the day.

柔软剂让衣服闻起来非常好。
Róuruǎn jì ràng yīfu wén qǐlái fēicháng hǎo.
Softener makes clothes smell really nice.

## 学校/大学 (THE SCHOOL/THE UNIVERSITY)

1) 老师 (teacher)
lǎoshī

2) 学生 (student)
xuéshēng

3) 教室 (classroom)
jiàoshì

4) 衣物柜 (locker)
yīwù guì

5) 布告栏 (bulletin board)
bùgào lán

6) 一张纸 (sheet of paper)
yī zhāng zhǐ

7) 书 (book)
shū

8) 笔记本 (notebook)
bǐjìběn

9) 胶水 (glue)
jiāoshuǐ

10) 剪刀 (scissors)
jiǎndāo

11) 铅笔 (pencil)
qiānbǐ

12) 橡皮 (eraser)
xiàngpí

13) 铅笔刀 (pencil sharpener)
qiānbǐ dāo

14) 笔 (pen)
bǐ

15) 马克笔 (marker)
mǎkè bǐ

16) 荧光笔 (highlighter)
yíngguāng bǐ

17) 信封 (envelope)
xìnfēng

18) 粘贴板 (clipboard)
zhāntiē bǎn

19) 黑板 (blackboard)
hēibǎn

20) 计算器 (calculator)
jìsuànqì

21) 尺子 (ruler)
chǐzi

22) 订书机 (stapler)
dìng shū jī

23) 铅笔盒 (pouch/pencil case)
qiānbǐ hé

24) 书桌 (school desk)
shūzhuō

25) 桌子 (table)
zhuōzi

26) 笔记本电脑 (laptop)
bǐjìběn diànnǎo

我的书包里总是装着一个铅笔刀。
Wǒ de shūbāo lǐ zǒngshì zhuāngzhe yī gè qiānbǐ dāo.
I always have a pencil sharpener in my bag.

在工作中，我需要用计算器。
Zài gōngzuò zhōng, wǒ xūyào yòng jìsuànqì.
At work, I need to use a calculator.

# 办公室 (THE OFFICE)

1) 老板 (boss)
   lǎobǎn

2) 总管 (superior)
   zǒngguǎn

3) 员工 (employee)
   yuángōng

4) 行政总裁 (CEO/president)
   xíngzhèng zǒngcái

5) 生意伙伴 (business partner)
   shēngyì huǒbàn

6) 同事 (colleague)
   tóngshì

7) 同事 (co-worker)
   tóngshì

8) 秘书 (secretary)
   mìshū

9) 隔间 (cubicle)
   gé jiān

10) 转椅 (swivel chair)
    zhuànyǐ

11) 办公桌 (desk)
    bàngōng zhuō

12) 计算机 (computer)
    jìsuànjī

13) 打印机 (printer)
    dǎyìnjī

14) 办公用品 (office supplies)
    bàngōng yòngpǐn

15) 橡皮图章 (rubber stamp)
    xiàngpí túzhāng

16) 胶带分配器 (tape dispenser)
    jiāodài fēnpèi qì

17) 文件夹 (folder)
    wénjiànjiā

18) 文件柜 (filing cabinet)
    wénjiàn guì

19) 传真 (fax)
    chuánzhēn

20) 电话 (telephone)
    diànhuà

我非常喜欢我的新转椅。
Wǒ fēicháng xǐhuān wǒ de xīn zhuànyǐ.
I like my new swivel chair very much.

请把你的电话号码给我的秘书。
Qǐng bǎ nǐ de diànhuà hàomǎ gěi wǒ de mìshū.
Please give your number to my secretary.

任何人都不能再使用公司电话拨打私人电话了！
Rènhé rén dōu bùnéng zài shǐyòng gōngsī diànhuà bōdǎ sīrén diànhuà le!
No one can make personal calls from a business phone anymore!

# 职业 (PROFESSIONS/OCCUPATIONS)

1) 工程师 (engineer)
   gōngchéngshī

2) 宇航员 (astronaut)
   yǔhángyuán

3) 飞行员 (pilot)
   fēixíngyuán

4) 法官 (judge)
   fǎguān

5) 消防员 (firefighter)
   xiāofáng yuán

6) 警察 (police officer)
   jǐngchá

7) 厨师 (chef)
   chúshī

8) 指挥家 (conductor)
   zhǐhuī jiā

9) 教授 (professor)
   jiàoshòu

10) 舞蹈家 (dancer)
    wǔdǎo jiā

11) 商人(businessman)
    shāngrén

12) 驯兽师 (animal trainer)
    xùn shòu shī

当我还是个孩子的时候，我想成为一名飞行员。
Dāng wǒ háishì gè háizi de shíhòu, wǒ xiǎng chéngwéi yī míng fēixíngyuán.
When I was a kid, I wanted to be a pilot.

他的梦想是成为一名成功的商人。
Tā de mèngxiǎng shì chéngwéi yī míng chénggōng de shāngrén.
His dream is to become a successful businessman.

## 交通工具 (MEANS OF TRANSPORT)

1) 自行车 (bike/bicycle)
   zìxíngchē

2) 摩托车 (motorcycle/motorbike)
   mótuōchē

3) 雪地摩托 (snowmobile)
   xuědì mótuō

4) 汽车 (car/automobile)
   qìchē

5) 公共汽车 (bus)
   gōnggòng qìchē

6) 卡车 (truck)
   kǎchē

7) 地铁 (subway)
   dìtiě

8) 火车 (train)
   huǒchē

9) 水上摩托车 (jet ski)
   shuǐshàng mótuōchē

10) 船 (boat)
    chuán

11) 游轮 (cruise ship)
    yóulún

12) 潜艇 (submarine)
    qiántǐng

13) 飞艇 (blimp/Zeppelin)
    fēitǐng

14) 热气球 (hot-air balloon)
    rè qìqiú

15) 飞机 (plane/airplane)
    fēijī

16) 直升飞机 (helicopter/chopper)
    zhí shēng fēijī

17) 太空飞船 (space shuttle)
    tàikōng fēichuán

你坐公共汽车还是开车去上班？
Nǐ zuò gōnggòng qìchē háishì kāichē qù shàngbān?
Do you take the bus or car to go to work?

我害怕飞行。
Wǒ hàipà fēixíng.
I am scared of flying.

我的父母预订了在游轮上的假期。
Wǒ de fùmǔ yùdìngle zài yóulún shàng de jiàqī.
My parents have booked a holiday on a cruise ship.

# 地理景观 (LANDSCAPES)

1) 山 (mountain)
shān

2) 热带雨林 (tropical rainforest)
rèdài yǔlín

3) 沙漠 (desert)
shāmò

4) 火山 (volcano)
huǒshān

5) 悬崖 (cliff)
xuányá

6) 沙滩 (beach)
shātān

7) 森林 (forest)
sēnlín

8) 山洞 (cave)
shāndòng

9) 喷泉 (geyser)
pēnquán

10) 瀑布 (waterfall/falls)
pùbù

11) 河流 (river)
héliú

12) 古迹 (ancient ruins)
gǔjì

在森林里很容易迷路。
Zài sēnlín lǐ hěn róngyì mílù.
It's very easy to get lost in a forest.

我童年最美好的假期是在山上度过的。
Wǒ tóngnián zuì měihǎo de jiàqī shì zài shānshàng dùguò de.
My best childhood holidays were spent in the mountains.

西安有很多历史文化古迹。
Xī'ān yǒu hěnduō lìshǐ wénhuà gǔjī.
There are many ancient historical and cultural ruins in Xi'an.

# 体育运动 I (SPORTS I)

1) 射箭 (archery)
shèjiàn

2) 拳击 (boxing)
quánjī

3) 自行车赛 (cycling)
zìxíngchē sài

4) 击剑 (fencing)
jījiàn

5) 足球 (football/soccer)
zúqiú

6) 橄榄球 (rugby)
gǎnlǎnqiú

7) 乒乓球 (table tennis/ping-pong)
pīngpāngqiú

8) 排球 (volleyball)
páiqiú

9) 举重 (weightlift)
jǔzhòng

10) 滑冰 (skating)
huábīng

11) 残疾人运动 (paralympic sports)
cánjí rén yùndòng

12) 棒球 (baseball)
bàngqiú

13) 篮球 (basketball)
lánqiú

我真的很佩服橄榄球运动员。
Wǒ zhēn de hěn pèifú gǎnlǎnqiú yùndòngyuán.
I really admire rugby players.

我每周去俱乐部举重两次。
Wǒ měi zhōu qù jùlèbù jǔzhòng liǎng cì.
I go to the club to do weightlifting twice a week.

欧洲人喜欢骑自行车。
Ōuzhōu rén xǐhuān qí zìxíngchē.
Europeans love cycling.

## 体育运动 II (SPORTS II)

1) 羽毛球 (badminton)
yǔmáoqiú

2) 体操 (gymnastics)
tǐcāo

3) 划船 (rowing)
huáchuán

4) 登山 (climbing)
dēngshān

5) 冲浪 (surfing)
chōnglàng

6) 网球 (tennis)
wǎngqiú

7) 蹦床 (trampoline)
bèngchuáng

8) 摔跤 (wrestling)
shuāijiāo

9) 滑雪 (skiing)
huáxuě

10) 钢架雪车 (skeleton)
gāngjià xuěchē

11) 花样滑冰 (figure skating)
huāyàng huábīng

12) 游泳 (swimming)
yóuyǒng

13) 水球 (water polo)
shuǐqiú

14) 曲棍球 (hockey)
qūgùnqiú

**划船在英国非常流行。**
Huáchuán zài Yīngguó fēicháng liúxíng.
Rowing is very popular in Britain.

中国的羽毛球水平很高。
Zhōngguó de yǔmáoqiú shuǐpíng hěn gāo.
China's badminton level is very high.

我不知道水球的规则。
Wǒ bù zhīdào shuǐqiú de guīzé.
I do not know the rules of water polo.

## 圣诞节 (CHRISTMAS DAY)

1) 槲寄生 (mistletoe)
   hú jìshēng

2) 花环 (garland/wreath)
   huāhuán

3) 圣诞树 (Christmas tree)
   Shèngdànshù

4) 圣诞装饰 (Christmas decorations)
   Shèngdàn zhuāngshì

5) 圣诞礼物 (Christmas gifts/presents)
   Shèngdàn lǐwù

6) 圣诞晚餐 (Christmas dinner)
   Shèngdàn wǎncān

7) 糖果棒 (candy cane)
   tángguǒ bàng

8) 姜饼人 (gingerbread man)
   jiāng bǐng rén

9) 圣诞精灵 (Christmas elf)
   Shèngdàn jīnglíng

10) 圣诞帽 (Christmas hat)
    Shèngdàn mào

11) 圣诞老人 (Santa Claus)
    Shèngdàn lǎorén

12) 圣诞老人的雪橇 (Santa's sleigh)
    Shèngdàn lǎorén de xuěqiāo

13) 圣诞星 (Christmas star)
    Shèngdàn xīng

14) 雪人 (snowman)
    xuěrén

15) 蜡烛 (candles)
    làzhú

我们的圣诞大餐总是吃火鸡。
Wǒmen de Shèngdàn dà cān zǒngshì chī huǒjī.
We always have turkey for our Christmas meal.

圣诞老人从烟囱进来。
Shèngdàn lǎorén cóng yāncōng jìnlái.
Santa Claus enters through the chimney.

我去年买了一棵真正的圣诞树。
Wǒ qùnián mǎile yī kē zhēnzhèng de Shèngdànshù.
I bought a real Christmas tree last year.

# 测试 #4

**Use arrows to match the corresponding translations:**

| | |
|---|---|
| a. engineer | 1. 船 |
| b. printer | 2. 消防员 |
| c. wheelbarrow | 3. 飞机 |
| d. mop | 4. 计算器 |
| e. colleague | 5. 脏衣服 |
| f. gardener | 6. 洗衣机 |
| g. bike | 7. 打印机 |
| h. cave | 8. 耙子 |
| i. plane | 9. 拖把 |
| j. calculator | 10. 园工 |
| k. firefighter | 11. 同事 |
| l. boat | 12. 教室 |
| m. dirty clothes | 13. 独轮车 |
| n. washing machine | 14. 山洞 |
| o. rake | 15. 工程师 |
| p. classroom | 16. 自行车 |

**Fill in the blank spaces with the options below (use each word only once):**

马克是清华大学的留学生。他来自英国。他是中文文学系四年级的_____。他对中国文化非常感兴趣。将来他想成为一名大学_____。他的目标是写一本出名的小说，并且环游世界。他现在已经习惯了在北京的生活。他每天坐_____去大学。他很喜欢北京的天气和历史文化_____。马克很喜欢运动。以前在英国他常常踢_____、打_____，现在在中国他常常打_____和_____。今年的圣诞节，马克会回英国看他爸爸妈妈。他已经给他们买了_____。

| | |
|---|---|
| 足球 | 地铁 |
| 教授 | 乒乓球 |
| 圣诞礼物 | 学生 |
| 橄榄球 | 古迹 |
| 羽毛球 | |

## 乐器 (MUSICAL INSTRUMENTS)

1) 原声吉他 (acoustic guitar)
yuánshēng jítā

2) 电吉他 (electric guitar)
diàn jítā

3) 低音吉他 (bass guitar)
dīyīn jítā

4) 鼓 (drums)
gǔ

5) 钢琴 (piano)
gāngqín

6) 喇叭 (trumpet)
lǎbā

7) 口琴 (harmonica)
kǒuqín

8) 长笛 (flute)
chángdí

9) 单簧管 (clarinet)
dānhuángguǎn

10) 竖琴 (harp)
shùqín

11) 风笛 (bagpipes)
fēngdí

12) 大提琴 (cello)
dàtíqín

13) 小提琴 (violin)
xiǎotíqín

14) 萨克斯管 (saxophone)
sàkèsī guǎn

我最近开始上钢琴课。
Wǒ zuìjìn kāishǐ shàng gāngqín kè.
I have started taking piano lessons recently.

大提琴是我最喜欢的乐器。
Dàtíqín shì wǒ zuì xǐhuān de yuèqì.
The cello is my favorite instrument.

我上小学的时候学过吹口琴。
Wǒ shàng xiǎoxué de shíhòu xuéguò chuī kǒuqín.
I learned to play harmonica when I was in primary school.

# 水果 (FRUITS)

1) 草莓 (strawberry)
   cǎoméi

2) 番木瓜 (papaya)
   fān mùguā

3) 李子 (plum)
   lǐzi

4) 甜瓜 (melon)
   tiánguā

5) 西瓜 (watermelon)
   xīguā

6) 香蕉 (banana)
   xiāngjiāo

7) 芒果 (mango)
   mángguǒ

8) 桃子 (peach)
   táozi

9) 覆盆子 (raspberry)
   fùpénzǐ

10) 橙子 (orange)
    chéngzi

11) 柠檬 (lemon)
    níngméng

12) 菠萝 (pineapple)
    bōluó

13) 青柠檬 (lime)
    qīng níngméng

14) 葡萄 (grapes)
    pútáo

15) 樱桃 (cherry)
    yīngtáo

16) 苹果 (apple)
    píngguǒ

17) 梨 (pear)
    lí

18) 葡萄柚 (grapefruit)
    pútáo yòu

19) 番荔枝 (soursop)
    fān lìzhī

20) 椰子 (coconut)
    yēzi

我想要一公斤梨。
Wǒ xiǎngyào yī gōngjīn lí.
I would like a kilo of pears.

他每天早餐吃一个葡萄柚。
Tā měitiān zǎocān chī yī gè pútáo yòu.
He eats a grapefruit for breakfast everyday.

我喜欢覆盆子酱。
Wǒ xǐhuān fùpénzǐ jiàng.
I love raspberry jam.

## 蔬菜 (VEGETABLES)

1) 菜花 (cauliflower)
   càihuā

2) 芦笋 (asparagus)
   lúsǔn

3) 西兰花 (broccoli)
   xīlánhuā

4) 卷心菜 (cabbage)
   juǎnxīncài

5) 洋蓟 (artichoke)
   yáng jì

6) 球芽甘蓝 (Brussels sprout)
   qiú yá gānlán

7) 玉米 (corn)
   yùmǐ

8) 生菜 (lettuce)
   shēngcài

9) 菠菜 (spinach)
   bōcài

10) 西红柿/番茄 (tomato)
    xīhóngshì/fānqié

11) 黄瓜 (cucumber)
    huángguā

12) 西葫芦(zucchini)
    xīhúlu

13) 蘑菇 (mushroom)
    mógū

14) 芝麻菜 (arugula)
    zhīma cài

15) 茄子 (eggplant)
    qiézi

16) 柿子椒 (bell pepper)
    shìzijiāo

17) 洋葱 (onion)
    yángcōng

18) 南瓜 (pumpkin/squash)
    nánguā

19) 土豆 (potato)
    tǔdòu

20) 瑞士甜菜 (Swiss chard)
    ruìshì tiáncài

我做了白菜汤。
Wǒ zuòle báicài tāng.
I cooked a cabbage soup.

生菜沙拉缺酱汁。
Shēngcài shālā quē jiàngzhī.
The lettuce salad lacks sauce.

这道著名的希腊菜里有茄子。
Zhè dào zhùmíng de xīlà cài li yǒu qiézi.
There are eggplants in this famous Greek dish.

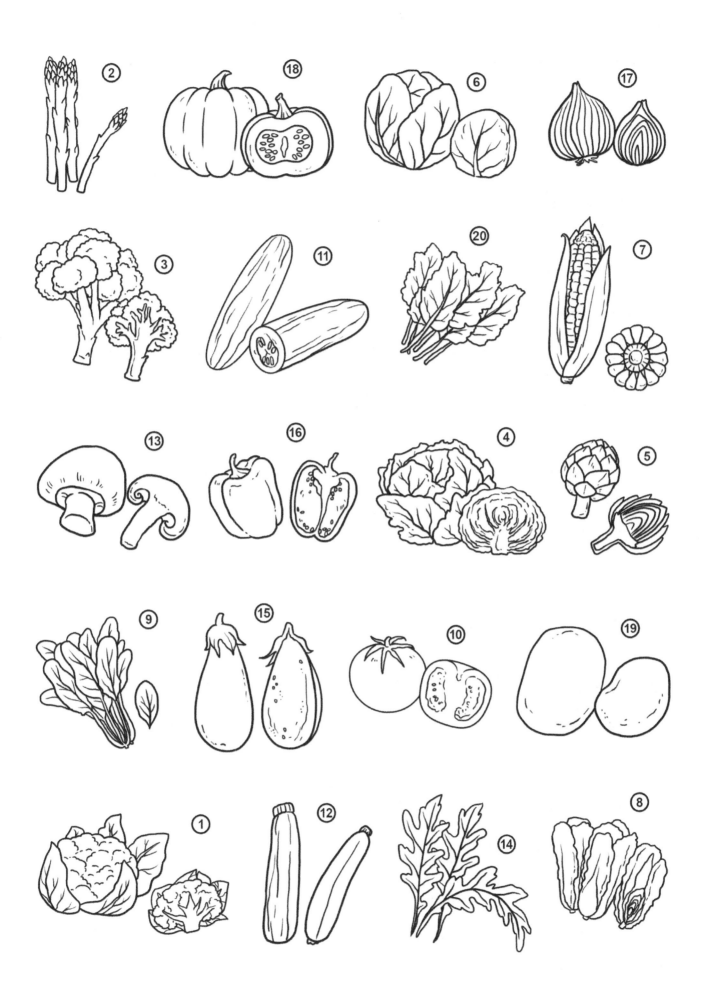

## 技术 (TECHNOLOGY)

1) 手机 (mobile)
   shǒujī

2) 装置 (device)
   zhuāngzhì

3) 计算机 (computer)
   jìsuànjī

4) 网络摄像机 (web cam)
   wǎngluò shèxiàngjī

5) 闪存驱动盘 (flash drive)
   shǎncún qūdòng pán

6) 硬盘 (hard drive)
   yìngpán

7) 存储卡 (memory card)
   cúnchǔ kǎ

8) 读卡机 (card reader)
   dú kǎ jī

9) 无线 (wireless)
   wúxiàn

10) 太阳能板 (solar panel)
    tàiyángnéng bǎn

11) 打印机 (printer)
    dǎyìnjī

12) 扫描机 (scanner)
    sǎomiáo jī

我通过网络摄像机开会。
Wǒ tōngguò wǎngluò shèxiàngjī kāihuì.
I have a meeting via webcam.

我相机的存储卡已满。
Wǒ xiàngjī de cúnchǔ kǎ yǐ mǎn.
My camera's memory card is full.

我将把这些文件保存在我的闪存驱动盘上。
Wǒ jiāng bǎ zhèxiē wénjiàn bǎocún zài wǒ de shǎncún qūdòng pán shàng.
I am going to save these documents on my flash drive.

# 科学 (SCIENCE)

1) 实验室 (laboratory)
shíyànshì

2) 研究员 (researcher)
yánjiūyuán

3) 计算 (calculations)
jìsuàn

4) 科学家 (scientist)
kēxuéjiā

5) 实验服 (lab coat)
shíyàn fú

6) 试验 (experiment)
shìyàn

7) 个人防护装备 (personal protective equipment)
gèrén fánghù zhuāngbèi

8) 测试 (test)
cèshì

9) 奖 (prize)
jiǎng

10) 风险(risk)
fēngxiǎn

11) 仪器 (instrument)
yíqì

12) 统计 (statistics)
tǒngjì

实验室必须配备个人防护设备。
Shíyànshì bìxū pèibèi gèrén fánghù shèbèi.
Laboratories must be equipped with personal protective equipment.

我来接受新冠病毒测试。
Wǒ lái jiēshòu xīnguān bìngdú cèshì
I have come for a COVID test.

# 天文学 (ASTRONOMY)

1) 望远镜 (telescope)
wàngyuǎnjìng

2) 太阳 (sun)
tàiyáng

3) 月亮 (moon)
yuèliang

4) 银河系 (galaxy)
yínhé xì

5) 小行星带 (asteroid belt)
xiǎo xíngxīng dài

6) 黑洞 (black hole)
hēidòng

7) 日食 (eclipse)
rìshí

8) 流星 (shooting star)
liúxīng

9) 太空站 (space station)
tàikōngzhàn

10) 白矮星 (white dwarf)
bái'ǎixīng

11) 红巨星 (red giant)
hóng jùxīng

12) 轨迹 (orbit)
guǐjī

13) 星座 (constellation)
xīngzuò

14) 暗能量 (dark energy)
àn néngliàng

15) 冥王星 (Pluto)
míngwángxīng

16) 星云 (Nebula)
xīngyún

17) 水星 (Mercury)
shuǐxīng

18) 金星 (Venus)
jīnxīng

19) 地球 (Earth)
dìqiú

20) 火星 (Mars)
huǒxīng

21) 木星 (Jupiter)
mùxīng

22) 土星 (Saturn)
tǔxīng

23) 天王星 (Uranus)
tiānwángxīng

24) 海王星 (Neptune)
hǎiwángxīng

**晚上你可以看到整个银河系。**
Wǎnshàng nǐkěyǐ kàn dào zhěnggè yínhéxì.
At night, you can see the whole galaxy.

这艘宇宙飞船上周降落在火星上。
Zhè sōu yǔzhòu fēichuán shàng zhōu jiàngluò zài huǒxīng shàng.
This spaceship landed on Mars last week.

地球是我们共同的家园。
Dìqiú shì wǒmen gòngtóng de jiāyuán.
Earth is our shared home.

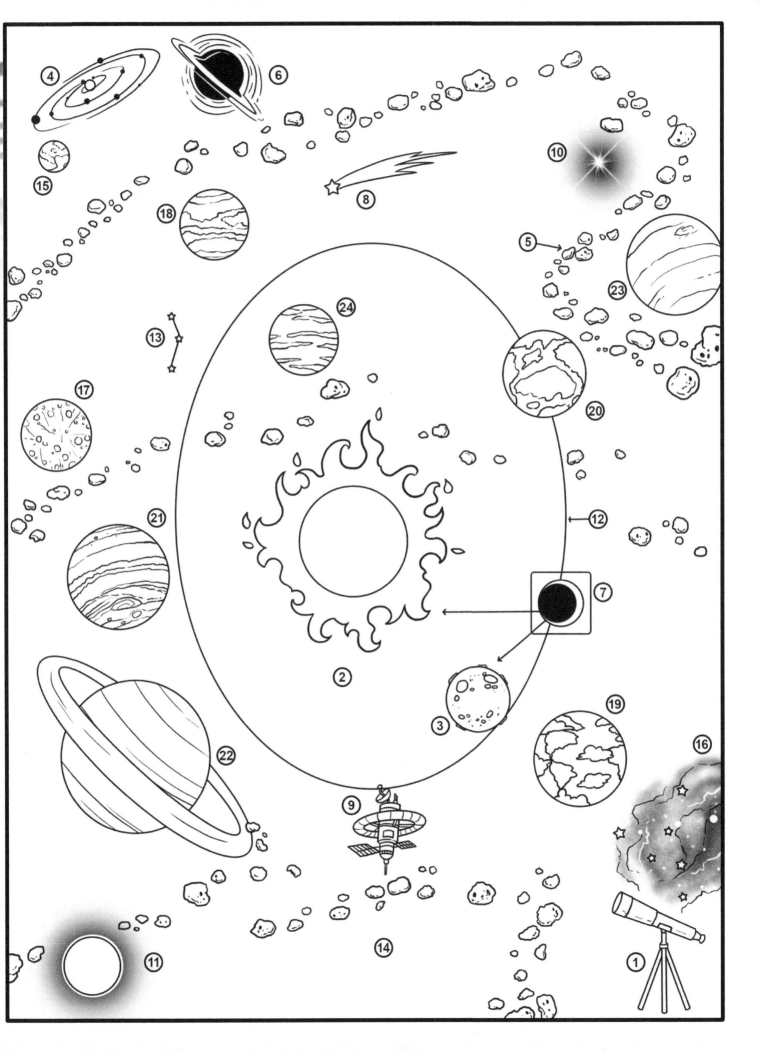

## 地理 (GEOGRAPHY)

1) 北 (north)
běi

2) 东 (east)
dōng

3) 南 (south)
nán

4) 西 (west)
xī

5) 赤道 (Equator)
chìdào

6) 北回归线 (Tropic of Cancer)
běi huíguīxiàn

7) 南回归线 (Tropic of Capricorn)
nán huíguīxiàn

8) 南极 (South Pole)
nánjí

9) 北极 (North Pole)
běijí

10) 南极圈 (Arctic Circle)
nánjí quān

11) 洲 (continent)
zhōu

12) 海外 (overseas)
hǎiwài

13) 非洲 (Africa)
Fēizhōu

14) 亚洲 (Asia)
Yàzhōu

15) 北美洲 (North America)
Běiměizhōu

16) 中美洲 (Central America)
Zhōngměizhōu

17) 南美洲 (South America)
Nánměizhōu

18) 欧洲 (Europe)
Ōuzhōu

19) 大洋洲 (Oceania)
Dàyángzhōu

20) 南极洲 (Antarctica)
Nánjízhōu

21) 子午线 (meridian)
zǐwǔxiàn

22) 平行线 (parallel)
píngxíngxiàn

23) 大西洋 (Atlantic Ocean)
Dàxīyáng

24) 太平洋 (Pacific Ocean)
Tàipíngyáng

我住在伦敦的东南部。
Wǒ zhù zài Lúndūn de dōngnán bù.
I live in the southeast of London.


我喜欢在大西洋冲浪.
Wǒ xǐhuān zài Dàxīyáng chōnglàng
I love to surf in the Atlantic Ocean.

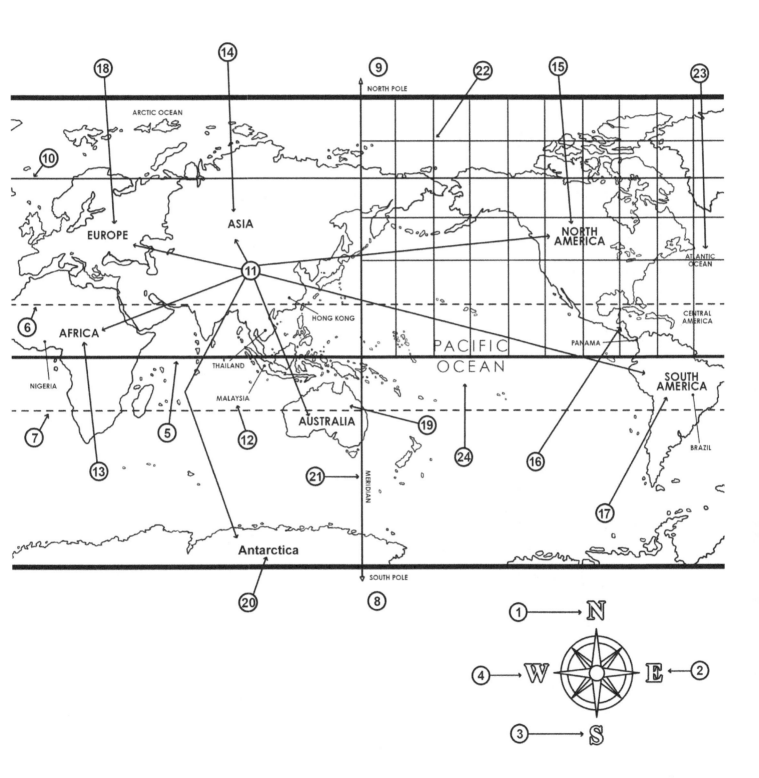

# 医院 (THE HOSPITAL)

1) 医生 (doctor/medic)
   yīshēng

2) 护士 (nurse)
   hùshì

3) 救护车 (ambulance)
   jiùhùchē

4) 急救箱 (first-aid kit)
   jíjiùxiāng

5) 温度计 (thermometer)
   wēndùjì

6) 担架 (stretcher)
   dānjià

7) 注射器 (syringe)
   zhùshèqì

8) 针 (needle)
   zhēn

9) 听诊器 (stethoscope)
   tīngzhěnqì

10) 拐杖 (crutches)
    guǎizhàng

11) 轮椅 (wheelchair)
    lúnyǐ

12) 观察室 (observation room)
    guāncháshì

13) 病床 (hospital bed)
    bìngchuáng

14) 注射 (injection)
    zhùshè

15) 手术 (surgery)
    shǒushù

16) 病史 (medical history)
    bìngshǐ

17) 病人 (patient)
    bìngrén

18) 药片 (pill/tablet)
    yàopiàn

我下周和我的医生有个预约。
Wǒ xià zhōu hé wǒ de yīshēng yǒu gè yùyuē.
I have an appointment with my doctor next week.

这张病床很硬。
Zhè zhāng bìngchuáng hěn yìng.
This hospital bed is very hard.

我女儿想成为一名医生。
Wǒ nǚ'ér xiǎng chéngwéi yī míng yīshēng.
My daughter wants to become a doctor.

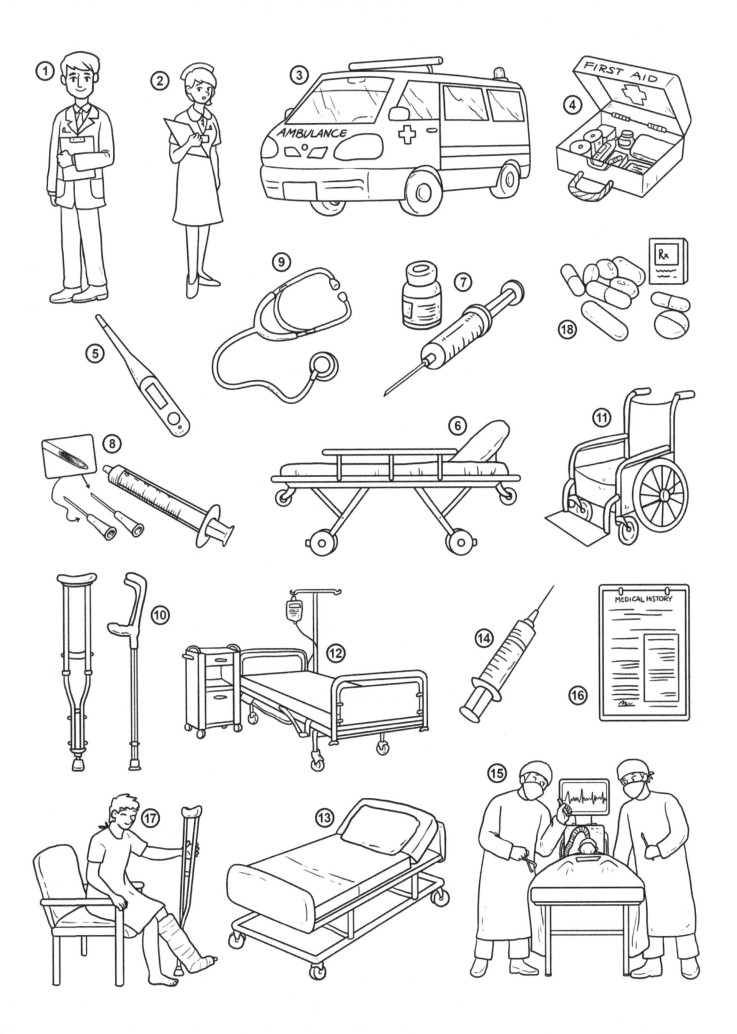

## 农场 (THE FARM)

1) 谷仓 (barn)
gǔcāng

2) 牛棚 (cowshed/stable)
niúpéng

3) 农夫 (farmer)
nóngfū

4) 犁 (plough)
lí

5) 筒仓 (silo)
tǒngcāng

6) 磨坊 (mill)
mòfáng

7) 水槽 (water trough)
shuǐcáo

8) 鸡窝 (henhouse)
jīwō

9) 蜂窝 (beehive)
fēngwō

10) 甘草捆 (hay bale)
gāncǎo kǔn

11) 牛 (cattle)
niú

12) 挤奶 (to milk)
jǐ nǎi

13) 羊群 (herd/flock)
yáng qún

14) 母鸡 (hen)
mǔjī

15) 井 (well)
jǐng

16) 灌溉系统 (irrigation system)
guàngài xìtǒng

17) 稻草人 (scarecrow)
dàocǎorén

18) 土路 (dirt road)
tǔlù

水槽里的水要满了。
Shuǐcáo lǐ de shuǐ yào mǎnle.
The water in the water trough is almost full.


我在我的地里安装了一个稻草人来吓跑鸟儿。
Wǒ zài wǒ de dì lǐ ānzhuāngle yī gè dàocǎorén lái xià pǎo niǎor.
I installed a scarecrow in my field to scare birds away.


鸡窝里住着十只老母鸡。
Jī wō lǐ zhùzhe shí zhī lǎo mǔjī.
There are ten old hens living in the henhouse.

# 测试 #5

**Use arrows to match the corresponding translations:**

a. laboratory           1. 茄子

b. pear           2. 护士

c. drums           3. 地球

d. north           4. 菜花

e. patient           5. 草莓

f. bagpipes           6. 樱桃

g. wheelchair           7. 实验室

h. henhouse           8. 梨

i. eggplant           9. 鼓

j. nurse           10. 北

k. Earth           11. 病人

l. cauliflower           12. 统计

m. strawberry           13. 风笛

n. flash drive           14. 轮椅

o. statistics           15. 鸡窝

p. cherry           16. 闪存驱动盘

**Fill in the blank spaces with the options below (use each word only once):**

我的外祖父母住在_____，_____。 我和爸爸妈妈今年感恩节会去看他们。我们不经常见面，因为我住在_____，但多亏了我的_____和_____，我们常常保持联系。我的外祖母是一位出色的_____演奏家。 她也会弹_____和_____。他们住在一个农场。他们种了_____和_____。

亚洲                              钢琴

大提琴                            海外

北美洲                            手机

小提琴                            玉米

网络摄像机                        菜花

## 食物 (FOOD)

1) 葡萄 (grape)
   pútáo

2) 核桃 (walnuts)
   hétáo

3) 肉 (meat)
   ròu

4) 羊肉 (lamb)
   yángròu

5) 鱼肉 (fish)
   yúròu

6) 鸡肉 (chicken)
   jīròu

7) 火鸡 (turkey)
   huǒjī

8) 蜂蜜 (honey)
   fēngmì

9) 糖 (sugar)
   táng

10) 盐 (salt)
    yán

11) 胡椒 (pepper)
    hújiāo

12) 咸猪肉 (bacon)
    xián zhūròu

13) 香肠 (sausages)
    xiāngcháng

14) 番茄酱 (ketchup)
    fānqié jiàng

15) 蛋黄酱 (mayonnaise)
    dànhuáng jiàng

16) 芥末 (mustard)
    jièmò

17) 果酱 (jam)
    guǒjiàng

18) 黄油 (butter)
    huángyóu

19) 果汁 (juice)
    guǒzhī

20) 牛奶 (milk)
    niúnǎi

小朋友们常常吃炸鸡肉和薯条。
Xiǎopéngyǒumen chángcháng chī zhá jīròu hé shǔtiáo.
Children often eat fried chicken and chips.

吃盐重的食物不健康。
Chī yán zhòng de shíwù bú jiànkāng.
Eating very salty food is unhealthy.

我天天早上喝新鲜果汁。
Wǒ tiāntiān zǎoshang hē xīnxiān guǒzhī.
I drink fresh juice every morning.

# 菜肴 (DISHES)

1) 千层面 (lasagna)
qiān céng miàn

2) 土豆煎蛋饼 (potato omelette)
tǔdòu jiāndàn bǐng

3) 肉饼 (meatloaf)
ròubǐng

4) 炒面条 (fried noodles)
chǎo miàntiáo

5) 通心粉和奶酪 (macaroni and cheese)
tōngxīnfěn hé nǎilào

6) 西班牙海鲜饭 (paella)
Xībānyá hǎixiān fàn

7) 烧烤排骨 (barbecue ribs)
shāokǎo páigǔ

8) 玉米面包 (cornbread)
yùmǐ miànbāo

9) 春卷 (spring roll)
chūnjuǎn

10) 奶酪汉堡 (cheeseburger)
nǎilào hànbǎo

11) 炸鸡 (fried chicken)
zhájī

12) 凯撒沙拉 (Caesar salad)
kǎisǎ shālā

13) 洋葱汤 (onion soup)
yángcōng tāng

14) 凉拌卷心菜 (coleslaw)
liángbàn juǎnxīncài

15) 辣鸡翅 (spicy chicken wings)
là jīchì

16) 巧克力曲奇饼 (chocolate-chip cookies)
qiǎokèlì qū qí bǐng

17) 酸橙派 (key lime pie)
suān chéng pài

18) 奶酪蛋糕 (cheesecake)
nǎilào dàngāo

美国人喜欢吃通心粉和奶酪。
Měiguó rén xǐhuān chī tōngxīnfěn hé nǎilào.
Americans love to eat macaroni and cheese.

麦当劳的辣鸡翅是我妹妹的最爱。
Màidāngláo de là jīchì shì wǒ mèimei de zuì ài.
McDonald's spicy chicken wings are my sister's favorite.

蓝莓奶酪蛋糕是我最喜欢吃的甜点。
Lánméi nǎilào dàngāo shì wǒ zuì xǐhuān chī de tiándiǎn.
Blueberry cheesecake is my favorite dessert.

## 海鲜 (SEAFOOD)

1) 鳀鱼 (anchovy)
   tíyú

2) 鳕鱼 (cod)
   xuěyú

3) 蜘蛛蟹 (spider crab)
   zhīzhū xiè

4) 鲭鱼 (mackerel)
   qīngyú

5) 龙虾 (lobster)
   lóngxiā

6) 扇贝 (scallop)
   shànbèi

7) 鲷鱼 (snapper)
   diāoyú

8) 三文鱼子 (salmon roe)
   sānwènyú zǐ

9) 螃蟹 (crab)
   pángxiè

10) 贝类 (shellfish)
    bèi lèi

11) 鳗鱼 (eel)
    mányú

12) 虾 (shrimp)
    xiā

我的披萨饼里不要鳀鱼。
Wǒ de pīsà bǐng lǐ bù yào tíyú.
I don't want anchovies in my pizza.

在英国, 扇贝非常贵。
Zài Yīngguó, shànbèi fēicháng guì.
Scallops are very expensive in the UK.

我住在海边的时候，常常吃煮螃蟹。
Wǒ zhù zài hǎibiān de shíhou, chángcháng chī zhǔ pángxiè.
When I lived by the sea, I used to eat boiled crabs.

## 形状 (SHAPES)

1) 圆圈 (circle)
yuánquān

2) 椭圆形 (oval)
tuǒyuán xíng

3) 三角形 (triangle)
sānjiǎoxíng

4) 长方形 (rectangle)
chángfāngxíng

5) 正方形 (square)
zhèngfāngxíng

6) 梯形 (trapezoid)
tīxíng

7) 菱形 (rhombus)
língxíng

8) 立方体 (cube)
lìfāngtǐ

9) 五角形 (pentagon)
wǔjiǎoxíng

10) 六边形 (hexagon)
liùbiānxíng

11) 箭头 (arrow)
jiàntóu

12) 十字 (cross)
shí zì

13) 心形 (heart)
xīn xíng

14) 星形 (star)
xīng xíng

15) 圆筒形 (cylinder)
yuán tǒng xíng

16) 锥体 (cone)
zhuī tǐ

17) 金字塔 (pyramid)
jīnzìtǎ

18) 球体 (sphere)
qiútǐ

19) 棱柱体 (prism)
léngzhù tǐ

心形的巧克力是情人节的一种流行礼物。

Xīn xíng de qiǎokèlì shì qíngrén jié de yī zhǒng liúxíng lǐwù.

Heart-shaped chocolates are a popular gift for Valentine's Day.

你去过埃及看金字塔吗？

Nǐ qù guò Āijí kàn jīnzìtǎ ma?

Have you been to Egypt to see the pyramids?

我喜欢在正方形的格子里练习写汉字。

Wǒ xǐhuān zài zhèngfāngxíng de gézi lǐ liànxí xiě hànzì.

I like to practice writing Chinese characters in a square grid.

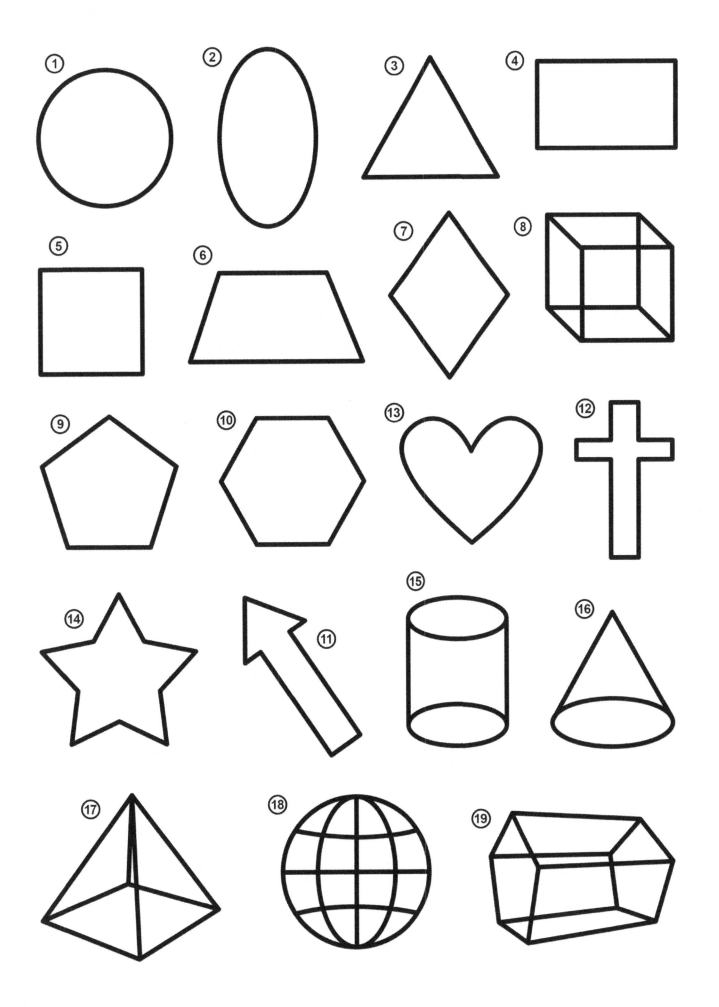

## 超市 (THE SUPERMARKET)

1) 购物车 (shopping cart)
gòuwù chē

2) 货架 (cabinet/display case)
huòjià

3) 顾客 (customer)
gùkè

4) 收款员 (cashier)
shōu kuǎn yuán

5) 收据 (receipt)
shōujù

6) 面包店 (bakery)
miànbāo diàn

7) 水果和蔬菜 (fruits and vegetables)
shuǐguǒ hé shūcài

8) 肉类 (meat)
ròu lèi

9) 乳制品 (dairy products)
rǔ zhìpǐn

10) 鱼类 (fish)
yú lèi

11) 冷冻品 (frozen food)
lěngdòng pǐn

12) 家禽 (poultry)
jiāqín

13) 豆类 (legumes)
dòu lèi

14) 零食 (snacks)
língshí

15) 甜点 (dessert)
tiándiǎn

16) 饮料 (drinks)
yǐnliào

17) 家居用品 (household items)
jiājū yòngpǐn

18) 传送带 (belt conveyor)
chuánsòngdài

我每天早上在隔壁的面包店买面包。
Wǒ měitiān zǎoshang zài gébì de miànbāo diàn mǎi miànbāo.
I get my bread at the bakery next door every morning.

素食主义者不吃肉类。
Sùshí zhǔyì zhě bù chī ròu lèi.
Vegetarians do not eat meat.

这家商店有很多水果和蔬菜可供选择。
Zhè jiā shāngdiàn yǒu hěnduō shuǐguǒ hé shūcài kě gōng xuǎnzé.
This shop has a great selection of fruits and vegetables.

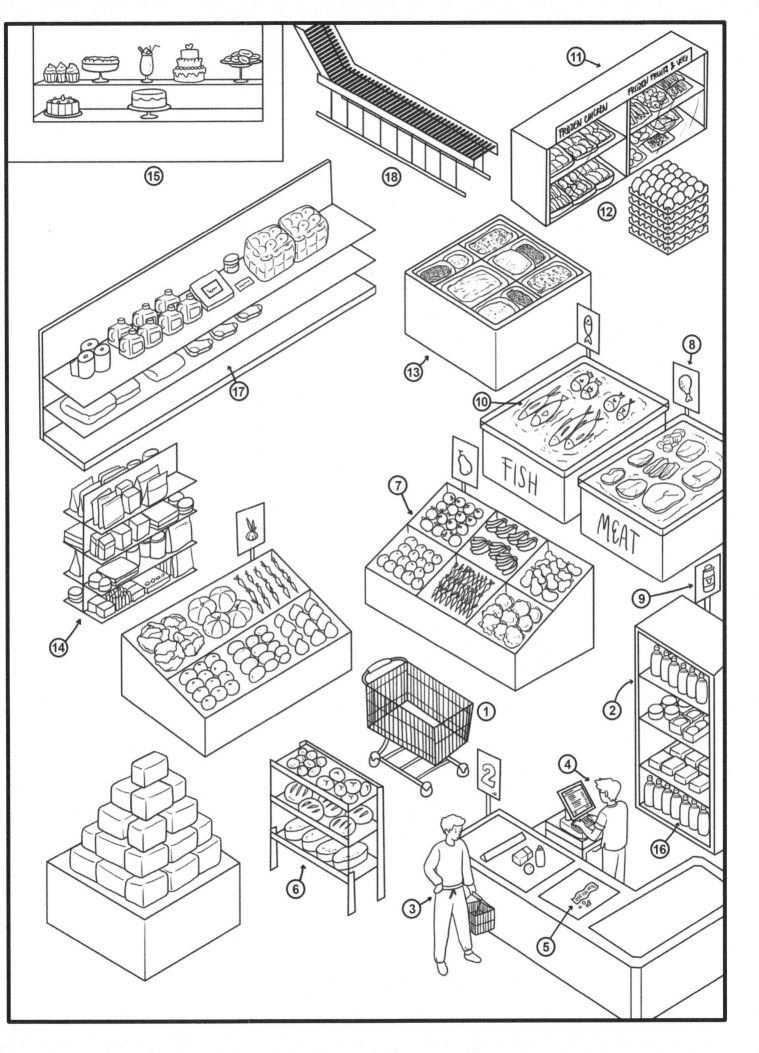

# 媒体 (MEDIA)

1) 杂志 (magazine)
   zázhì

2) 传真 (fax)
   chuánzhēn

3) 刊物 (journal)
   kānwù

4) 邮件 (postal mail)
   yóujiàn

5) 信件 (letter)
   xìnjiàn

6) 收音机 (radio)
   shōuyīnjī

7) 漫画 (comic)
   mànhuà

8) 书籍 (book)
   shūjí

9) 摄影 (photography)
   shèyǐng

10) 座机 (landline phone)
    zuòjī

11) 电视 (TV)
    diànshì

12) 电影 (movies)
    diànyǐng

13) 移动电话 (mobile phone/cell phone)
    yídòng diànhuà

14) 手语 (sign language)
    shǒuyǔ

现在听收音机的人越来越少了。
Xiànzài tīng shōuyīnjī de rén yuè lái yuè shǎole.
Fewer and fewer people listen to the radio these days.

可以给我你的手机号码吗？
Kěyǐ gěi wǒ nǐ de shǒujī hàomǎ ma?
Can you give me your mobile number?

我弟弟有空的时候爱画漫画。
Wǒ dìdi yǒu kòng de shíhou ài huà mànhuà.
My brother loves to draw cartoons in his free time.

## 游乐园 (THE FAIR/THE AMUSEMENT PARK)

1) 镜子屋 (house of mirrors)
   jìngzi wū

2) 海盗船 (pirate ship/boat swing)
   hǎidàochuán

3) 售票亭 (ticket booth)
   shòupiào tíng

4) 秋千骑行 (swing ride)
   qiūqiān qí xíng

5) 过山车 (roller coaster)
   guòshānchē

6) 摩天轮 (Ferris wheel)
   mótiān lún

7) 旋转木马 (carousel/merry-go-round)
   xuánzhuǎn mùmǎ

8) 碰碰车 (bumper cars)
   pèngpèngchē

9) 茶具 (teacups/cup and saucer)
   chájù

10) 摆 (pendulum)
    bǎi

11) 街机室 (arcade room)
    jiējī shì

12) 玉米狗 (corn dog)
    yùmǐ gǒu

13) 雪锥 (snow cone)
    xuě zhuī

14) 棉花糖 (cotton candy)
    miánhuā táng

15) 冰糖苹果 (candy apple)
    bīngtáng píngguǒ

我小时候喜欢过山车。
Wǒ xiǎoshíhou xǐhuān guòshānchē.
I loved roller coasters when I was a kid.

暑假的时候，售票亭总是有很多人排队买票。
Shǔjià de shíhou, shòupiào tíng zǒng shì yǒu hěnduō rén páiduì mǎi piào.
During the summer vacation, there are always many people queuing up to buy tickets at the ticket booth.

在中国的北方，冰糖苹果是冬天常见的小吃。
Zài Zhōngguó de běifāng, bīngtáng píngguǒ shì dōngtiān chángjiàn de xiǎochī.
In Northern China, candy apples are a common winter snack.

# 人生大事 (LIFE EVENTS)

1) 出生 (birth)
   chūshēng

2) 洗礼 (christening/baptism)
   xǐlǐ

3) 入学 (first day of school)
   rùxué

4) 交友 (make friends)
   jiāoyǒu

5) 纪念日 (birthday)
   jìniàn rì

6) 恋爱 (fall in love)
   liàn'ài

7) 毕业 (graduation)
   bìyè

8) 上大学 (to start university/begin college)
   shàng dàxué

9) 就业 (get a job)
   jiùyè

10) 创业 (become an entrepreneur)
    chuàngyè

11) 环游世界 (travel around the world)
    huányóu shìjiè

12) 结婚 (get married)
    jiéhūn

13) 生子 (have a baby)
    shēngzǐ

14) 庆祝生日 (celebrate a birthday)
    qìngzhù shēngrì

15) 退休 (retirement)
    tuìxiū

16) 过世 (death)
    guòshì

我明年要结婚了!
Wǒ míngnián yào jiéhūnle.
I am going to get married next year.

我父母已经退休了。
Wǒ fùmǔ yǐjīng tuìxiūle.
My parents are already retired.

马修终于找到了一份工作。
Mǎ Xiū zhōngyú zhǎodàole yī fèn gōngzuò.
Matthew has finally found a job.

## 形容词 I (ADJECTIVES I)

1) 大 (big)
dà

2) 小 (small)
xiǎo

3) 吵 (loud)
chǎo

4) 静 (silent)
jìng

5) 长 (long)
cháng

6) 短 (short)
duǎn

7) 宽 (wide)
kuān

8) 窄 (narrow)
zhǎi

9) 贵 (expensive)
guì

10) 便宜 (cheap)
piányi

11) 快 (fast)
kuài

12) 慢 (slow)
màn

13) 空 (empty)
kōng

14) 满 (full)
mǎn

15) 软 (soft)
ruǎn

16) 硬 (hard)
yìng

17) 高 (tall)
gāo

18) 矮 (short)
ǎi

邻居的狗早上总是很吵。
Línjū de gǒu zǎoshang zǒngshì hěn chǎo.
The neighbor's dog is always noisy in the morning.

这家泰国饭馆又好又便宜。
Zhè jiā Tàiguó fànguǎn yòu hǎo yòu piányi.
This Thai restaurant is both good and cheap.

北欧人大多数都很高。
Běi'ōu rén dàduōshù dōu hěn gāo.
The majority of Northern Europeans are very tall.

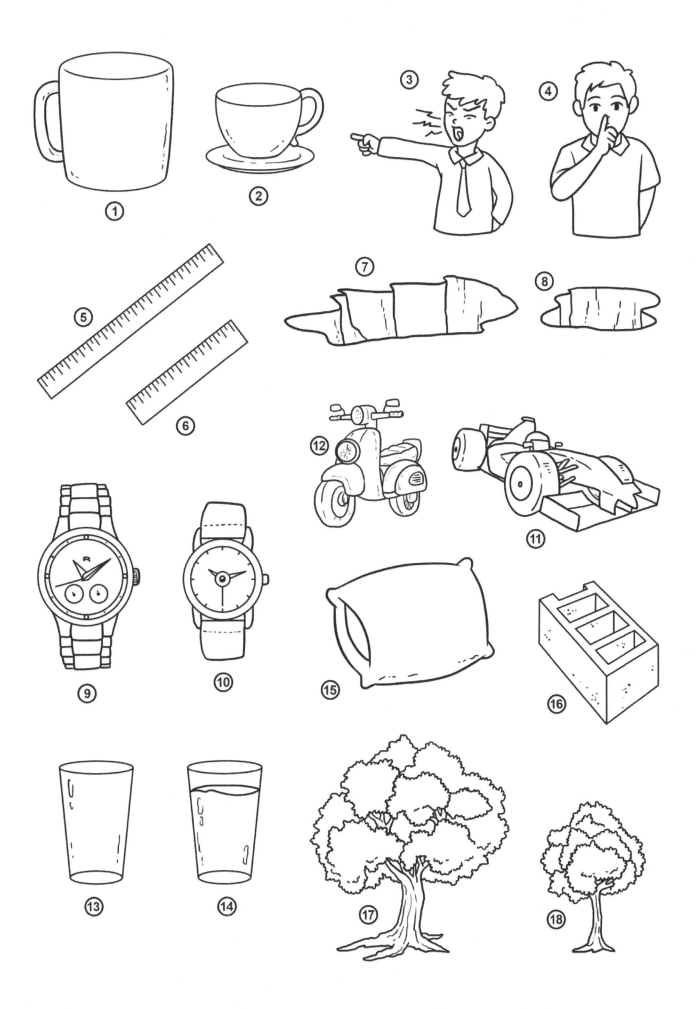

# 测试 #6

**Use arrows to match the corresponding translations:**

a. book　　　　　　　　　　1. 果酱

b. dairy products　　　　　　2. 棉花糖

c. roller coaster　　　　　　3. 火鸡

d. eel　　　　　　　　　　　4. 鱼

e. circle　　　　　　　　　　5. 核桃

f. anchovy　　　　　　　　　6. 箭头

g. jam　　　　　　　　　　　7. 洋葱汤

h. cotton candy　　　　　　　8. 鳗鱼

i. carousel　　　　　　　　　9. 鳀鱼

j. turkey　　　　　　　　　　10. 书

k. drinks　　　　　　　　　　11. 过山车

l. cross　　　　　　　　　　12. 旋转木马

m. walnuts　　　　　　　　　13. 乳制品

n. fish　　　　　　　　　　　14. 圆圈

o. onion soup　　　　　　　　15. 十字

p. arrow　　　　　　　　　　16. 饮料

**Fill in the blank spaces with the options below (use each word only once):**

今年七月，我就大学_____了！我九月开始_____。同学们会在八月的时候举行一个聚会，所有的同学都会参加。我们决定不去饭馆儿，而是在家里。女同学们会去_____，买_____和_____。男同学们会买一些_____和_____。主菜是_____和_____。聚会以后，我们会去游乐场。同学们都想坐_____。

超市                           水果

就业                           肉类

烧烤排骨                       毕业

蔬菜                           甜点

过山车                         炒面条

## 形容词 II (ADJECTIVES II)

1) 新 (new)
xīn

2) 旧 (old)
jiù

3) 舒服 (comfortable)
shūfu

4) 难受 (uncomfortable)
nánshòu

5) 危险 (dangerous)
wēixiǎn

6) 烦人 (annoying)
fánrén

7) 摇动的 (shaky)
yáodòng de

8) 完整 (complete)
wánzhěng

9) 残缺 (incomplete)
cánquē

10) 破碎 (broken)
pòsuì

11) 漂亮 (gorgeous)
piàoliang

12) 贤惠的 (virtuous)
xiánhuì de

13) 相似 (similar)
xiāngsì

14) 不同 (different)
bùtóng

15) 睁开的 (open)
zhēng kāi de

16) 闭着的 (closed)
bìzhe de

这两个姐妹很相似。
Zhè liǎng gè jiěmèi hěn xiāngsì.
These two sisters are very similar.

我的床又新又舒服。
Wǒ de chuáng yòu xīn yòu shūfu.
My bed is both new and comfortable.

这家饭馆儿的桌子看起来很舒服。
Zhè jiā fànguǎnr de zhuōzi kàn qǐlái hěn shūfú.
The tables in this restaurant look very comfortable.

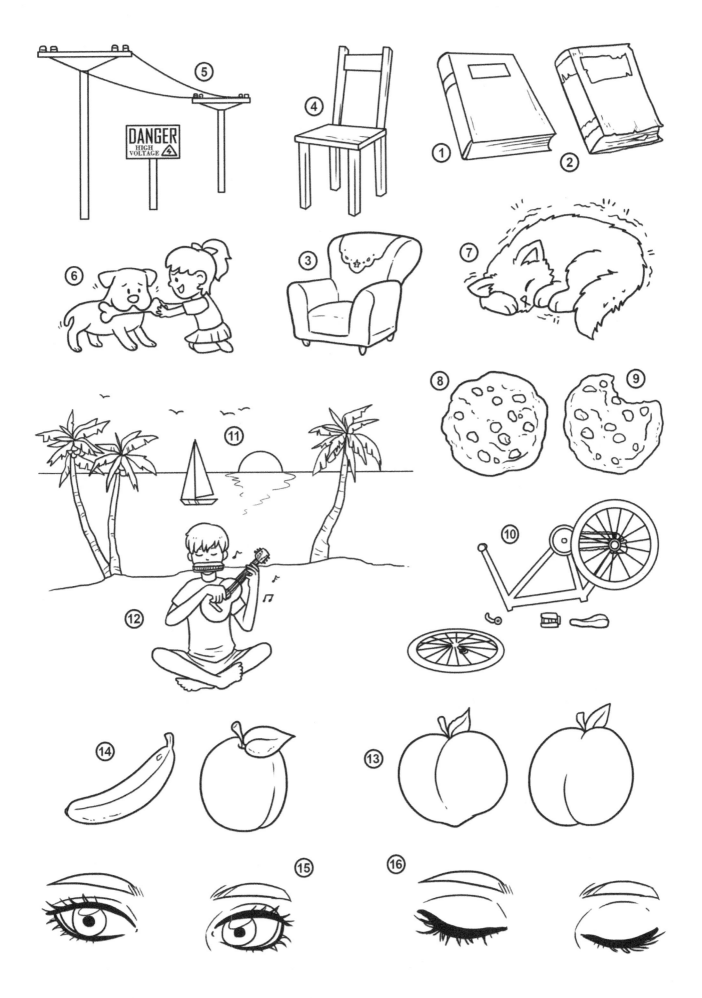

# 副词 (ADVERBS)

1) 这儿 (here)
zhèr

2) 那儿 (there)
nàr

3) 附近 (near)
fùjìn

4) 远 (far)
yuǎn

5) 上面 (up)
shàngmiàn

6) 下面 (down)
xiàmiàn

7) 里面 (inside)
lǐmiàn

8) 外面 (outside)
wàimiàn

9) 前面 (ahead)
qiánmiàn

10) 后面 (behind)
hòumiàn

11) 不(no)
bù

12) 是的 (yes)
shì de

13) 现在 (now)
xiànzài

14) 好 (well/good/right)
hǎo

15) 错 (bad/wrong)
cuò

我这儿有很多巧克力。
Wǒ zhèr yǒu hěnduō qiǎokèlì.
I have a lot of chocolate here.

我家附近有个市场，周末总是很吵。
Wǒjiā fùjìn yǒu gè shìchǎng, zhōumò zǒngshì hěn chǎo.
There is a market near my house, and it is always noisy on weekends.

现在是早上九点钟。
Xiànzài shì zǎoshang jiǔ diǎn zhōng.
It is nine o'clock in the morning.

## 方向 (DIRECTIONS)

1) 街区 (block)
   jiēqū

2) 广场 (square)
   guǎngchǎng

3) 公园 (park)
   gōngyuán

4) 地铁 (subway)
   dìtiě

5) 拐角 (corner)
   guǎijiǎo

6) 大道 (avenue)
   dàdào

7) 街道 (street)
   jiēdào

8) 公共汽车站 (bus stop)
   gōnggòng qìchēzhàn

9) 红绿灯 (traffic lights)
   hónglǜdēng

10) 人行横道 (crossing/crosswalk)
    rénxínghéngdào

11) 向上 (up)
    xiàngshàng

12) 向下 (down)
    xiàng xià

13) 左 (left)
    zuǒ

14) 右 (right)
    yòu

15) 路标 (road signs)
    lùbiāo

16) 交通警察 (traffic police)
    jiāotōng jǐngchá

我每天坐地铁去上班。
Wǒ měitiān zuò dìtiě qù shàngbān.
I take the subway to work every day.

每个红绿灯都有一个交通警察。
Měi gè hónglǜdēng dōu yǒu yī gè jiāotōng jǐngchá.
Every traffic light has a traffic police officer.

上下班高峰的时候，公共汽车站总是有很多人。
Shàng xiàbān gāofēng de shíhou, gōnggòng qìchēzhàn zǒngshì yǒu hěnduō rén.
There are always a lot of people at the bus stop during rush hour.

## 饭馆 (THE RESTAURANT)

1) 经理 (manager)
jīnglǐ

2) 饭桌 (table)
fànzhuō

3) 菜单 (menu)
càidān

4) 菜 (dish)
cài

5) 开胃菜 (appetizer)
kāiwèi cài

6) 头盘 (starter)
tóu pán

7) 主菜 (main course)
zhǔ cài

8) 甜点 (dessert)
tiándiǎn

9) 晚餐 (diner)
wǎncān

10) 厨师 (cook)
chúshī

11) 男服务员 (waiter)
nán fúwùyuán

12) 女服务员 (waitress)
nǚ fúwùyuán

13) 小费 (tip)
xiǎofèi

14) 高脚椅 (high chair)
gāo jiǎo yǐ

15) 酒单 (wine list)
jiǔ dān

16) 糕点师 (pastry chef)
gāodiǎn shī

你想看看我们的菜单吗?
Nǐ xiǎng kàn kan wǒmen de càidān ma ?
Would you like to see our menu?


每个星期我大概吃两次甜点。
Měi gè xīngqī wǒ dàgài chī liǎng cì tiándiǎn.
I eat dessert about twice a week.

糕点师现在是很流行的职业。
Gāodiǎn shī xiànzài shì hěn liúxíng de zhíyè.
Pastry chef is a very popular profession these days.

# 购物中心 (THE MALL)

1) 楼层 (floor)
   lóucéng

2) 水族馆 (aquarium)
   shuǐzúguǎn

3) 美食广场 (food court)
   měishí guǎngchǎng

4) 电梯 (elevator)
   diàntī

5) 扶梯 (escalators)
   fútī

6) 紧急出口 (emergency exit)
   jǐnjí chūkǒu

7) 美容店 (beauty salon)
   měiróng diàn

8) 服装店 (clothing store)
   fúzhuāng diàn

9) 操场 (playground)
   cāochǎng

10) 保安 (security guard)
    bǎo'ān

11) 电子眼 (surveillance camera)
    diànzǐyǎn

12) 面包店 (bakery)
    miànbāo diàn

13) 体育商店 (sports store)
    tǐyù shāngdiàn

14) 喷泉 (fountain)
    pēnquán

学校组织我们明天去水族馆参观。
Xuéxiào zǔzhī wǒmen míngtiān qù shuǐzúguǎn cānguān.
The school arranged for us to visit the aquarium tomorrow.

明天我带我女儿去游乐场。
Míngtiān wǒ dài wǒ nǚ'ér qù yóulè chǎng.
I am going to take my daughter to the playground tomorrow.

美食广场就在喷泉的旁边。
Měishí guǎngchǎng jiù zài pēnquán de pángbiān.
The food court is right next to the fountain.

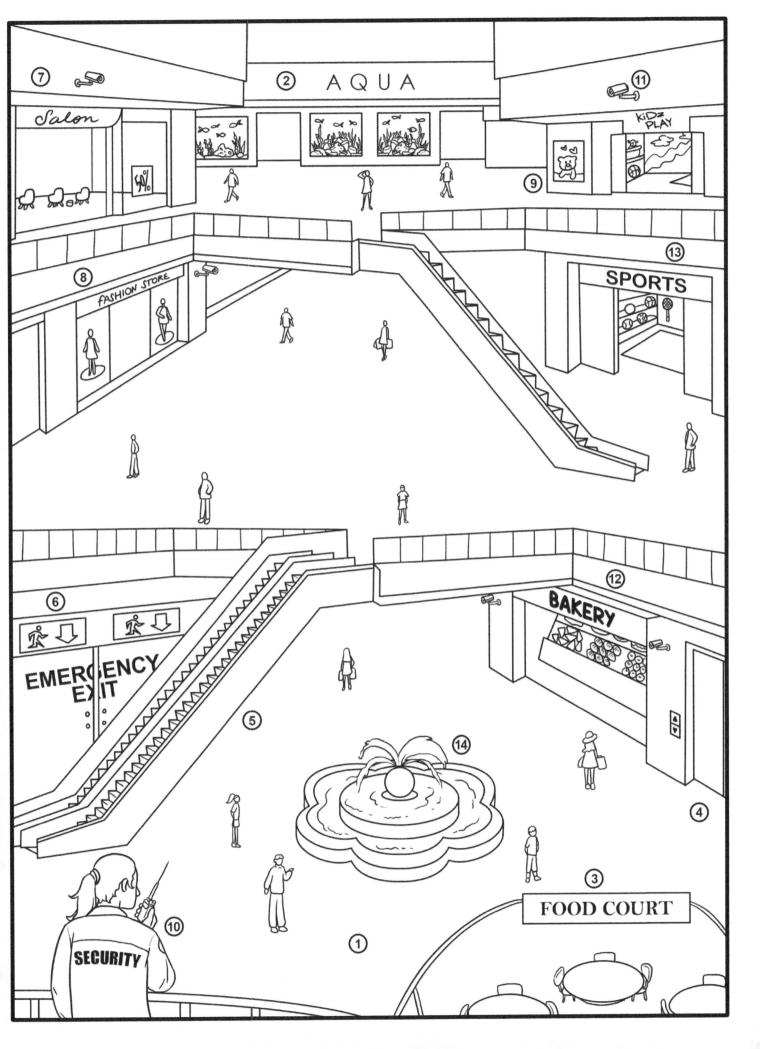

# 动词 I (VERBS I)

1) 说 (to talk)
   shuō

2) 喝 (to drink)
   hē

3) 吃 (to eat)
   chī

4) 走 (to walk)
   zǒu

5) 开 (to open)
   kāi

6) 关 (to close)
   guān

7) 给 (to give)

   gěi

8) 见 (to see)
   jiàn

9) 跟 (to follow)
   gēn

10) 拥抱 (to hug)
    yōngbào

11) 亲吻 (to kiss)
    qīnwěn

12) 买 (to buy)
    mǎi

13) 听 (to listen)
    tīng

14) 唱 (to sing)
    chàng

15) 跳舞 (to dance)
    tiàowǔ

走路对身体很有好处。
Zǒulù duì shēntǐ hěn yǒu hǎochù.
Walking is good for your body.

现在在网上买东西非常方便。
Xiànzài zài wǎngshàng mǎi dōngxi fēicháng fāngbiàn.
Shopping online is very convenient now.

跳舞是大学生喜欢的娱乐活动。
Tiàowǔ shì dàxuéshēng xǐhuān de yúlè huódòng.
Dancing is a recreational activity that college students like.

## 动词 II (VERBS II)

1) 写 (to write)
xiě

2) 读 (to read)
dú

3) 打扫 (to clean)
dǎsǎo

4) 接 (to pick up)
jiē

5) 发现 (to find)
fāxiàn

6) 洗 (to wash)
xǐ

7) 看 (to watch)
kàn

8) 修理 (to fix)
xiūlǐ

9) 想 (to think)
xiǎng

10) 拿 (to take)
ná

11) 切 (to cut)
qiē

12) 停止 (to stop)
tíngzhǐ

13) 哭 (to cry)
kū

14) 笑 (to smile)
xiào

15) 帮助 (to help)
bāngzhù

这个婴儿每天晚上都哭。
Zhège yīng'ér měitiān wǎnshàng dōu kū.
This baby cries every night.


我周末喜欢看电视。
Wǒ zhōumò xǐhuān kàn diànshì.
I like to watch TV on weekends.


我车的发动机需要修理。
Wǒ chē de fādòngjī xūyào xiūlǐ.
My car's engine needs to be repaired.

# 工程 I (CONSTRUCTION I)

1) 吊车 (crane)
diàochē

2) 危险胶带 (hazard tape)
wéixiǎn jiāodài

3) 交通锥 (traffic cone)
jiāotōng zhuī

4) 施工铲 (construction shovel)
shīgōng chǎn

5) 榔头 (hammer)
lángtou

6) 钢丝钳 (wire cutters)
gāngsī qián

7) 滚筒刷 (paint roller)
gǔntǒng shuā

8) 电锯 (chainsaw)
diànjù

9) 钻头 (drill)
zuàntóu

10) 电钻 (jackhammer)
diànzuàn

11) 钳子 (pliers)
qiánzi

12) 螺丝刀 (screwdriver)
luósīdāo

电锯非常适合切割木材。
Diànjù fēicháng shìhé qiēgē mùcái.
Chainsaws are great for cutting wood.

我需要一个钻头来挂这幅画。
Wǒ xūyào yī gè zuàntóu lái guà zhè fú huà.
I need a drill to hang this picture.

我明天要去商店买一个新的滚筒刷。
Wǒ míngtiān yào qù shāngdiàn mǎi yī gè xīn de gǔntǒng shuā.
I am going to the store tomorrow to buy a new paint roller.

# 工程 II (CONSTRUCTION II)

1) 工具箱 (toolbox)
   gōngjù xiāng

2) 工作头盔 (work helmet/hard hat)
   gōngzuò tóukuī

3) 蓝图 (blueprint)
   lántú

4) 管道 (pipes)
   guǎndào

5) 抹刀 (trowel)
   mǒ dāo

6) 混凝土搅拌机 (concrete mixer)
   hùnníngtǔ jiǎobànjī

7) 砖 (brick)
   zhuān

8) 建筑材料 (building materials)
   jiànzhù cáiliào

9) 地板砖 (tiles)
   dìbǎnzhuān

10) 水泥 (cement)
    shuǐní

11) 沙子 (sand)
    shāzi

12) 碎石 (gravel)
    suìshí

今年建筑材料的价格上涨了!
Jīnnián jiànzhù cáiliào de jiàgé shàngzhǎngle!
The price of building materials has gone up this year!

我的工具箱在车库里。
Wǒ de gōngjù xiāng zài chēkù lǐ.
My toolbox is in the garage.

我喜欢大理石的地板砖。
Wǒ xǐhuān dàlǐshí de dìbǎnzhuān.
I like marble floor tiles.

# 测试 #7

**Use arrows to match the corresponding translations:**

a. waitress

b. left

c. old

d. bus stop

e. bad

f. playground

g. right

h. to talk

i. main course

j. closed

k. to sing

l. elevator

m. to buy

n. open

o. bakery

p. far

1. 唱

2. 开着的

3. 主菜

4. 面包房

5. 远

6. 电梯

7. 买

8. 女服务员

9. 旧

10. 右

11. 公共汽车站

12. 错

13. 说

14. 操场

15. 左

16. 关着的

**Fill in the blank spaces with the options below (use each word only once):**

从我家到购物中心的_____只要_____五分钟。出门以后，向左拐，然后到_____后向_____拐。一直走五分钟，你就会看到购物中心在你的_____。除了服装店，购物中心还有_____和_____。我们今晚会在购物中心的_____ _____晚饭。_____我想点_____。


前面                              千层面

水族馆                            服装店

主菜                              吃

美食广场                          美容店

红绿灯

159

## 植物和树 (PLANTS AND TREES)

1) 野花 (wildflower)
   yěhuā

2) 草木植物 (herb)
   cǎomù zhíwù

3) 蘑菇 (mushroom)
   mógu

4) 杂草 (weed)
   zácǎo

5) 海藻 (seaweed)
   hǎizǎo

6) 蕨类 (fern)
   jué lèi

7) 芦苇 (reed)
   lúwěi

8) 竹子 (bamboo)
   zhúzi

9) 常青藤 (ivy)
   cháng qīng téng

10) 苔藓 (moss)
    táixiǎn

11) 草 (grass)
    cǎo

12) 棕榈树 (palm tree)
    zōnglú shù

13) 红树 (mangrove)
    hóng shù

14) 仙人掌 (cactus)
    xiānrénzhǎng

我去年过生日的时候，姐姐送给我一盆棕榈树。
Wǒ qùnián guò shēngrì de shíhou, jiějie sòng gěi wǒ yī pén zōnglú shù.
For my birthday last year, my sister gave me a potted palm tree.

大熊猫的主要食物是竹子。
Dà xióngmāo de zhǔyào shíwù shì zhúzi.
The primary food for giant pandas is bamboo.

今晚的晚餐我们吃意大利蘑菇面。
Jīn wǎn de wǎncān wǒmen chī Yìdàlì mógū miàn.
We are having mushroom pasta for dinner tonight.

## 狂欢节 (THE CARNIVAL)

1) 面具 (mask)
   miànjù

2) 造型服装 (costume/disguise)
   zàoxíng fúzhuāng

3) 彩车 (float)
   cǎichē

4) 花 (flowers)
   huā

5) 小鼓 (snare drum)
   xiǎogǔ

6) 小丑 (clown)
   xiǎochǒu

7) 超人 (superhero)
   chāorén

8) 公主 (princess)
   gōngzhǔ

9) 宇航员 (astronaut)
   yǔhángyuán

10) 默剧 (mime)
    mò jù

11) 囚犯 (prisoner)
    qiúfàn

12) 家用电器 (household appliance)
    jiāyòng diànqì

13) 仙女 (fairy)
    xiānnǚ

14) 伐木工人 (lumberjack)
    fámù gōngrén

我每天晚上给女儿读一个童话故事。
Wǒ měitiān wǎnshàng gěi nǚ'ér dú yī gè tónghuà gùshì.
I read a fairy tale to my daughter every evening.

宇航员是一个非常酷的职业。
Yǔhángyuán shì yī gè fēicháng kù de zhíyè.
Being an astronaut is a really cool profession.

戴安娜是人民的公主。
Dàiānnà shì rénmín de gōngzhǔ
Diana was the people's princess.

# 工作间 (THE WORKSHOP)

1) 工具 (tool)
   gōngjù

2) 鞍具 (saddlery)
   ān jù

3) 木工 (carpentry/woodwork)
   mùgōng

4) 室内装潢 (upholstery/tapestry)
   shìnèi zhuānghuáng

5) 制鞋/修鞋 (shoemaking/shoerepair)
   zhì xié/xiū xié

6) 银匠 (silversmith)
   yínjiàng

7) 铁匠 (blacksmith)
   tiějiàng

8) 机械师 (mechanic)
   jīxiè shī

9) 纺织品 (textile)
   fǎngzhīpǐn

10) 面包店 (bakery)
    miànbāo diàn

11) 服装首饰 (costume jewelry)
    fúzhuāng shǒushì

12) 鞋类 (footwear)
    xié lèi

13) 保养 (maintenance)
    bǎoyǎng

14) 修理 (repair)
    xiūlǐ

15) 绘画 (painting)
    huìhuà

16) 糕点 (pastry)
    gāodiǎn

土耳其的室内装潢很有特色。
Tǔ'ěrqí de shìnèi zhuānghuáng hěn yǒu tèsè.
Turkish upholsteries are very distinct.

我妈妈的第一份工作是生产纺织品。
Wǒ māma de dì yī fèn gōngzuò shì shēngchǎn fǎngzhīpǐn.
My mom's first job was producing textiles.

制作糕点是我妹妹的一个业余爱好。
Zhìzuò gāodiǎn shì wǒ mèimei de yī gè yèyú àihào.
Making pastries is a hobby of my sister.

# 杂货店 (THE GROCERY STORE)

1) 意大利面 (pasta)
   yìdàlì miàn

2) 米 (rice)
   mǐ

3) 燕麦 (oat)
   yànmài

4) 面包 (bread)
   miànbāo

5) 油 (oils)
   yóu

6) 酱料 (sauces)
   jiàng liào

7) 沙拉酱 (salad dressings)
   shālā jiàng

8) 调料 (condiments)
   tiáoliào

9) 罐头食品 (canned goods)
   guàntóu shípǐn

10) 火腿 (ham)
    huǒtuǐ

11) 奶酪 (cheese)
    nǎilào

12) 花生酱 (peanut butter)
    huāshēngjiàng

13) 糖果 (candy)
    tángguǒ

14) 豆类 (beans)
    dòu lèi

15) 咖啡 (coffee)
    kāfēi

16) 茶 (tea)
    chá

花生酱三明治是我最喜欢吃的午餐。
Huāshēngjiàng sānmíngzhì shì wǒ zuì xǐhuān chī de wǔcān.
Peanut butter sandwiches are my favorite lunch.

我在我的咖啡里用燕麦奶。
Wǒ zài wǒ de kāfēi lǐ yòng yànmài nǎi.
I take oat milk in my coffee.

你可以在法国找到最好的奶酪。
Nǐ kěyǐ zài Fǎguó zhǎo dào zuì hǎo de nǎilào
You can find the best cheeses in France.

## 旅游生活 I (TRAVEL AND LIVING I)

1) 民宿主人 (host)
mínsù zhǔrén

2) 游客 (tourist)
yóukè

3) 旅行者 (traveler)
lǚxíng zhě

4) 行李 (luggage)
xínglǐ

5) 手提行李 (hand luggage)
shǒutí xínglǐ

6) 照相机 (camera)
zhàoxiàngjī

7) 酒店 (hotel)
jiǔdiàn

8) 青年旅舍 (hostel)
qīngnián lǚshě

9) 民宿 (Bed & Breakfast/inn)
mínsù

10) 机舱 (cabin)
jīcāng

11) 帐篷 (tent)
zhàngpéng

12) 航班 (flight)
hángbān

13) 出发 (departure)
chūfā

14) 到达 (arrival)
dàodá

我订了三晚的民宿。
Wǒ dìngle sān wǎn de mínsù
I booked an inn for three nights.


我的航班明天下午五点起飞。
Wǒ de hángbān míngtiān xiàwǔ wǔ diǎn qǐfēi.
My flight leaves at 5 p.m. tomorrow afternoon.


我的照相机是最新的款式。
Wǒ de zhàoxiàngjī shì zuìxīn de kuǎnshì.
My camera is the latest model.

## 旅游生活 II (TRAVEL AND LIVING II)

1) 小镇 (town)
xiǎo zhèn

2) 地图 (map)
dìtú

3) 公共汽车站 (bus stop)
gōnggòng qìchēzhàn

4) 出租车 (taxi)
chūzū chē

5) 汽车出租 (car rental)
qìchē chūzū

6) 火车站 (train station)
huǒchēzhàn

7) 飞机场 (airport)
fēijīchǎng

8) 护照 (passport)
hùzhào

9) 身份证 (ID/identification card)
shēnfènzhèng

10) 货币 (currency)
huòbì

11) 现金 (cash)
xiànjīn

12) 提款卡 (debit card)
tí kuǎn kǎ

13) 信用卡 (credit card)
xìnyòngkǎ

14) 导游 (tourist guide)
dǎoyóu

明年我需要申请一本新的护照。
Míngnián wǒ xūyào shēnqǐng yī běn xīn de hùzhào
I need to apply for a new passport next year.

你用信用卡还是现金支付？
Nǐ yòng xìnyòngkǎ háishì xiànjīn zhīfù
Are you paying by credit card or cash?

你能帮我订一辆出租车去机场吗？
Nǐ néng bāng wǒ dìng yī liàng chūzū chē qù jīchǎng ma?
Could you book a taxi for me to go to the airport?

## 玩具 (TOYS)

1) 球 (ball)
   qiú

2) 泰迪熊 (teddy bear)
   tài dí xióng

3) 火车 (train)
   huǒchē

4) 滑板 (skateboard)
   huábǎn

5) 娃娃 (doll)
   wáwá

6) 玩具赛车 (race car)
   wánjù sàichē

7) 机器人 (robot)
   jīqìrén

8) 风筝 (kite)
   fēngzhēng

9) 鼓 (drum)
   gǔ

10) 呼啦圈 (hula hoop)
    hūlā quān

11) 货车 (wagon)
    huòchē

12) 积木 (blocks)
    jīmù

13) 木琴 (xylophone)
    mùqín

14) 卡车 (truck)
    kǎchē

15) 飞机 (airplane)
    fēijī

16) 砖 (bricks)
    zhuān

十五年前我开始学弹钢琴。
Shíwǔ nián qián wǒ kāishǐ xué tán gāngqín.
I started learning to play piano 15 years ago.

小男孩们都喜欢玩玩具赛车。
Xiǎo nánháimen dōu xǐhuān wán wánjù sàichē.
All little boys like playing with toy racecars.

把球扔给我！
Bǎ qiú rēng gěi wǒ.
Throw me the ball!

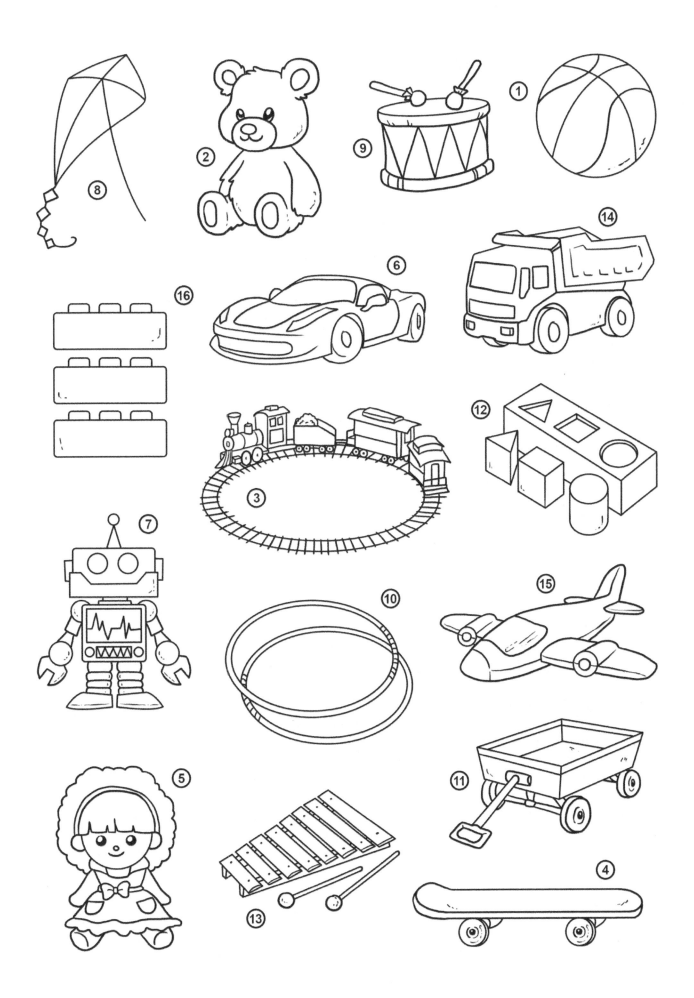

## 生日派对 (THE BIRTHDAY PARTY)

1) 生日横幅 (birthday banner)
shēngrì héngfú

2) 装饰 (decoration)
zhuāngshì

3) 礼物 (present/gift)
lǐwù

4) 桌布 (tableware)
zhuōbù

5) 过生日的人 (birthday person)
guò shēngrì de rén

6) 气球 (balloon)
qìqiú

7) 生日蛋糕 (birthday cake)
shēngrì dàngāo

8) 盘子 (plates)
pánzi

9) 叉子 (forks)
chāzi

10) 勺子 (spoons)
sháozi

11) 杯子 (cups)
bēizi

12) 吸管 (straw)
xīguǎn

13) 皮纳塔 (piñata)
Pí nà tǎ

14) 蜡烛 (candle)
làzhú

15) 帽子 (hat)
màozi

16) 客人 (guests)
kèrén

我收到了很多生日礼物。
Wǒ shōu dào le hěnduō shēngrì lǐwù.
I received many birthday gifts.

客人很晚才离开。
Kèrén hěn wǎn cái líkāi.
The guests left very late.

我最喜欢的生日蛋糕是巧克力生日蛋糕。
Wǒ zuì xǐhuān de shēngrì dàngāo shì qiǎokèlì shēngrì dàngāo.
My favorite birthday cake is chocolate birthday cake.

# 反义词 (OPPOSITES)

1) 干净 (clean)
gānjìng

2) 脏 (dirty)
zāng

3) 几个 (few)
jǐ gè

4) 许多 (many)
xǔduō

5) 进攻 (attack)
jìngōng

6) 防守 (defense)
fángshǒu

7) 直 (straight)
zhí

8) 弯曲 (curved)
wānqū

9) 一起 (together)
yīqǐ

10) 分开 (separated)
fēnkāi

11) 年轻 (young)
niánqīng

12) 老 (old)
lǎo

13) 财富 (wealth)
cáifù

14) 缺乏 (shortage)
quēfá

15) 凹 (concave)
āo

16) 凸 (convex)
tū

英国有很多中国人。
Yīngguó yǒu hěnduō Zhōngguó rén.
There are many Chinese people in the UK.

她是公司最年轻的经理。
Tā shì gōngsī zuì niánqīng de jīnglǐ.
She is the youngest manager in the company.

厨房的地板很脏。
Chúfáng de dìbǎn hěn zāng.
The kitchen floor is dirty.

# 测试 #8

**Use arrows to match the corresponding translations:**

a. arrival                      1. 帐篷

b. cheese                       2. 草

c. teddy bear                   3. 花

d. tourist guide                4. 卡车

e. map                          5. 面具

f. forks                        6. 米

g. grass                        7. 糖果

h. candle                       8. 飞机场

i. doll                         9. 泰迪熊

j. airport                      10. 蜡烛

k. truck                        11. 导游

l. flowers                      12. 娃娃

m. tent                         13. 到达

n. mask                         14. 地图

o. rice                         15. 叉子

p. candy                        16. 奶酪

**Fill in the blank spaces with the options below (use each word only once):**

二十一世纪的旅游生活越来越方便了！一本_____，_____和_____是你需要的一切。
现在_____和_____越来越多，很_____，价钱也不_____，对_____人来说
很合适。到旅游地后，找一个___ _也很容易。

信用卡                          青年旅舍

干净                            护照

贵                              民宿

现金                            年轻

导游

# CONCLUSION

While there is certainly much more to say about the Chinese language, we hope that this general overview will help you understand and use the words and phrases in this dictionary, as well as your own words and phrases, as you continue your journey to bilingualism.

We would like to leave you with a few suggestions for a pleasant and fruitful language learning experience:

1.  **Learn what you need and what you love.**

    While survival Chinese is indispensable, mechanical memorization of long lists of words is not the best use of your time and energy. Make sure to focus on the vocabulary that is important and useful to you in your life. Perhaps you need Chinese for work, or to visit family and friends. In this case, make sure that you focus on the vocabulary that will be useful to reach these goals.

2.  **Do not skip learning grammar and verb aspects.** Although it is not the most exciting part of learning a language, spending some time perfecting your grammar is the key to being able to manipulate the language in the long term.

3.  **Use available media to practice all aspects of the language.** Movies, music, and social media provide the opportunity to practice reading, writing, and listening at any time from your phone or your computer. Aim to spend 20 minutes a day on your practice of the Chinese language in order to make good progress.

4.  **Practice speaking as much as you can with a native speaker.** You can join speaking groups in real life or online.

5.  **Remember: Communication before perfection.** It takes years to master a language, and fluency is not achieved easily. It requires commitment and regular practice. However, if you get to visit a Chinese speaking place, do not hesitate to try to speak Chinese to everyone you meet. This will give you the motivation and the confidence to carry on learning. You might feel scared at first but do not worry, people will be kind to you!

6.  **Enjoy the journey!**

# ANSWERS

## QUIZ #1

a-10.　b-9.　c-8.　d-12.　e-14.　f-7.　g-13.　h-1.　i-16.　j-5.　k-15.　l-4.
m-3.　n-2.　o-6.　p-11.

我的妹妹最近和她的丈夫在准备离婚。他们准备离婚的原因是因为他们的性格不合。我妹妹的丈夫是一个很诚实和有责任心的人，我爸爸和妈妈很喜欢他。我妹妹的脾气不太好，她经常生气。他们在一起一共五年，结婚以前他们是朋友。我妹妹很喜欢狗，现在她想有一条小狗。今天晚上我和妹妹都去爸爸妈妈家吃饭。我很高兴见到妹妹，可是她看起来状态不太好。她说她的头和心脏很疼，我觉得她看起来很焦虑。

## QUIZ # 2

a-8.　b-7.　c-10.　d-9.　e-11.　f-14.　g-2.　h-12.　i-15.　j-16.　k-13.　l-5.
m-4.　n-1.　o-6.　p-3.

小娟是一名小学老师。上周她带班级参观了一个农场。天气预报说可能会下雨，小娟穿了一件牛仔裤、毛衣和一件雨衣。小娟还拿了一把伞。可是那天天气很热，是晴天。那天在农场，学生们看到了鸡、猪、马和牛。还有一个有数百只蜜蜂的蜂巢。学生们还看到了蜻蜓，很漂亮！

## QUIZ # 3

a-10.　b-8.　c-9.　d-15.　e-13.　f-11.　g-14.　h-1.　i-3.　j-5.　k-16.　l-6.
m-2.　n-12.　o-4.　p-7.

我喜欢所有的季节。秋天的时候，树上的树叶变色，我周末常常到公园去收树叶。我也很喜欢万圣节和感恩节。万圣节的时候，爸爸总是刻南瓜。我总是在壁炉前放一个，它们看起来像可怕的小灯！我们要去邻居家找糖果。　在那之后，大约在午夜，我们点燃了香料蜡烛，坐在沙发上喝着美味的热巧克力。感恩节的时候，我们会准备很丰盛的感恩节晚餐。我们今年冬天会去北欧度假，我们会去滑雪，做很大的雪球。冬天的时候，我喜欢晚上一边看电视，一边吃零食。

## QUIZ # 4

a-15.　b-7.　c-13.　d-9.　e-11.　f-10.　g-16.　h-14.　i-3.　j-4.　k-2.　l-1.
m-5.　n-6.　o-8.　p-12.

马克是清华大学的留学生。他来自英国。他是中文文学系四年级的学生。他对中国文化非常感兴趣。将来他想成为一名大学教授。他的目标是写一本出名的小说，并且环游世界。他现在已经习惯了在北京的生活。他每天坐地铁去大学。他很喜欢北京的天气和历史文化古迹。马克很喜欢做运动。以前在英国他常常踢足球、打橄榄球，现在在中国他常常打羽毛球和乒乓球。今年的圣诞节，马克会回英国看他爸爸妈妈。他已经给他们买了圣诞礼物。

## QUIZ # 5

a-7.　　b-8.　　c-9　　d-10.　　e-11.　　f-13.　　g-14.　　h-15.　　i-1.　　j-2.　　k-3.　　l-4.
m-5.　　n-16.　　o-12.　　p-6.

我的外祖父母住在海外，北美洲。我和爸爸妈妈今年感恩节会去看他们。我们不经常见面，因为我住在亚洲，但多亏了我的手机和网络摄像机，我们常常保持联系。我的外祖母是一位出色的大提琴演奏家。她也会弹小提琴和钢琴。他们住在一个农场。他们种了玉米和菜花。

## QUIZ # 6

a-10.　　b-13.　　c-11.　　d-8.　　e-14.　　f-9.　　g-1.　　h-2.　　i-12.　　j-3.　　k-16.　　l-15.
m-5.　　n-4.　　o-7.　　p-6.

今年七月，我就大学毕业了！我九月开始就业。同学们会在八月的时候举行一个聚会，所有的同学都会参加。我们决定不去饭馆儿，而是在家里。女同学们会去超市，买蔬菜和水果。男同学们会买一些肉类和甜点。主菜是烧烤排骨和炒面条。聚会以后，我们会去游乐场。同学们都想坐过山车。

## QUIZ # 7

a-8.　　b-15.　　c-9.　　d-11.　　e-12.　　f-14.　　g-10.　　h-13.　　i-3.　　j-16.　　k-1.　　l-6.
m-7.　　n-2.　　o-4.　　p-5.

从我家到购物中心的服装店只要走五分钟。出门以后，向左拐，然后到红绿灯后向右拐。一直走五分钟，你就会看到购物中心在你的前面。除了服装店，购物中心还有水族馆和美容店。我们今晚会在购物中心的美食广场吃晚饭。主菜我想点千层面。

## QUIZ # 8

a-13.　　b-16.　　c-9.　　d-11.　　e-14.　　f-15.　　g-2.　　h-10.　　i-12.　　j-8.　　k-4.　　l-3.
m-1.　　n-5.　　o-6.　　p-7.

二十一世纪的旅游生活越来越方便了！一本护照，现金和信用卡是你需要的一切。现在青年旅舍和民宿越来越多，很干净，价钱也不贵，对年轻人来说很合适。到旅游地后，找一个导游也很容易。

Made in the USA
Las Vegas, NV
18 May 2023

72240377R00105